17세가 읽는
행복한
경제학

17세가 읽는 행복한 경제학

ⓒ 이득재 2013

초판 1쇄 발행일 2013년 4월 26일
초판 3쇄 발행일 2014년 9월 15일

지 은 이 이득재
펴 낸 이 이정원

출판책임 박성규
기획실장 선우미정
편집진행 김재은
편   집 김상진
디 자 인 김지연 · 김세린
그   림 홍연식
마 케 팅 석철호 · 나다연
경영지원 김은주 · 이순복
제   작 송세언
관   리 구법모 · 엄철용

펴 낸 곳 도서출판 들녘
등록일자 1987년 12월 12일
등록번호 10-156
주   소 경기도 파주시 교하읍 문발리 출판문화정보산업단지 513-9
전   화 마케팅 031-955-7374 편집 031-955-7381
팩시밀리 031-955-7393
홈페이지 www.ddd21.co.kr

ISBN 978-89-7527-665-1 (03320)

17세가 읽는

행복한 경제학

돈에게 휘둘리지 않고 당차게 내 인생 꾸리기

이득재 지음

들녘

세상을 바라보는 눈을 키우세요

소득, 세금, 소비, 생산, 절약, 사치, 분배, 수출, 수입, 고용, 주식, 증권……

낯설게 느껴지는 단어가 있나요? 독자들 대부분이 부모님에게 용돈을 받아쓰거나 아르바이트밖에 해보지 않았을 테니 당연히 낯설 것입니다.

경제학은 이런 내용들에 대해 연구하는 학문입니다. 더 나아가 '행복'에 대해서 연구하는 학문이기도 하고요. 사람들이 별로 행복하지 않을 때, 경제학은 행복으로 향하는 길을 가리켜줍니다. 그러니 여러분이 학교에서, 학원에서, 집에서 행복을 찾을 수 없다면 경제학에서 그 길을 찾아야 합니다. 경제학이 행복에 대해 연구한다니, 그런 말은 처음 듣는다고요? 제 얘기를 좀 더 들어보세요.

경제학 용어가 낯설고 어렵게 느껴지겠지만 그것들이 경제학의 전부는 아닙니다. 우리는 이미 일상에서 경제와 얽혀 살아가고 있습니다. 친구에게 돈을 빌리고 갚는 것, 가족들과 외식을 하는 것, 새로운 휴대폰을 사는 등 일상의 모든 소비 행위들이 경제입니다. 익숙한 부분도 있고 어려운 부분도 있겠지만, 원래 공부란 낯선 길을 나서는 여행과도 같답니다. 이 책은 그 길에 동행하고자 쓴 책입니다.

책을 읽은 후에는 직접 행동해보는 것도 중요합니다. 우리가 얻는 지식 중에는 책에서 얻는 지식도 있지만 직접 행동해봄으로써 얻는 지식이 있습니다. 이런 지식을 '발제적 지식'이라고 합니다. 자전거를 직접 타보거나 물건을 직접 만들면서 얻는 지식이 바로 발제적 지식에 들어가지요.

아르바이트로 돈을 벌어보는 것, 주변 은행이나 증권 회사에 가보는 것, 주식이 뭔지 알아보거나 시장에 가서 물건 값을 알아보는 것 등이 모두 '발제적 지식'을 쌓기 위한 행동입니다. 용돈을 모아 펀드나 주식 투자를 해보는 것도 좋은 방법입니다.

그렇다면 경제학은 돈 버는 방법을 가르치는 학문일까요? 돈을 버는 데 있어 경제학 공부가 중요한 것은 사실이지만, 경제학이 돈 버는 방법만을 논하는 학문은 아니랍니다.

우리는 지금 자본주의 사회에서 살고 있습니다. 하지만 '자본주의'가 무엇인지 눈으로 볼 수는 없습니다. 공기는 사람이 사는 데 꼭 필요하지만 눈에 보이지 않기 때문에 우리는 공기를 의식하며 생활하지는 않습니다. 자본주의도 그렇습니다.

자본주의만 보이지 않는 것이 아닙니다. 우리가 쓰는 물건을 만드는 사람들도 잘 보이지 않습니다. 식탁에 생선 요리가 올라와도 사람들은 어부를 떠올리지 않습니다. 깨끗한 건물들을 돌아다니면서도 건물을 청소하는 사람들을 생각하지는 않습니다. 물건을 사용하면서도 그 물건을 만들기 위해 일하는, 어쩌면 나의 미래이거나 친구의 부모님일 수도 있는 사람들의 노동의 가치를 상기하지는 않습니다. 하지만 경제학에서는 이런 부분도 놓치지 않고 주목한답니다. 우리가 잊기 쉬운 사람들의 가치와 권리에 대해 고민하는 것이지요. 이러니 행복을 연구하는 학문이라는 말이 틀리지 않겠죠? 경제학을 공부하는 사람들은 지금 이 순간에도 가능한 많은 사람들을 행복하게 만드는 방법에 대해 끊임없이 연구하고 있습니다.

이 책을 읽을 여러분에게 지식과 정보보다 중요한 것은, '나는 경제를 어떤 관점에서 바라볼 것인가' 하는 점을 계속 고민하는 것입니다. 노동과 행복, 복지 등 경제학적 주제에 대한 나만의 관점을 갖추는 일이 중요합니다.

돈이 전부가 아니라고 말하지만 자본주의 사회에서는 돈이 없으면 살아가기가 어렵습니다.

그렇다면 돈 없이 살아갈 수 있는 사회란 어떤 사회일까요? 돈이 없는 세상도 있을 수 있을까요? 그런 세상을 만드는 것은 과연 현실적으로 가능한 일일까요? 경제학 공부는 돈에 대한 깊은 사색으로 이어지게 됩니다. 그러다 보면 인간으로서 나는 어떻게 살아갈 것인가, 무엇이 행복인가에 대한 답에 도달하게 될 것입니다.

불행히도 우리나라 사람들은 별로 행복하지 않은 환경에서 살고 있는 듯합니다. OECD에 가입한 34개 국가들 중 우리나라의 행복지수는 32위라고 합니다. 행복과 경제적 문제를 떼어놓고 생각할 수 없는 만큼, 우리나라는 아직 경제적으로 힘들고 불평등한 나라라는 뜻이겠죠.

아무쪼록 이 책이 집안 살림이나 나라 살림, 그리고 세계의 경제를 살펴보러 길을 떠나는 여러분의 동반자가 되었으면 합니다. 혹시 압니까? 이 책을 읽다가 경제학에 대한 관심이 생겨 노벨경제학상을 타는 학생이 나올지도 모르는 일이잖아요. 여러분이 경제학을 통해 세상을 바라보는 눈을 키우리라 믿습니다.

Contents

01

경제학 공부를
시작하기 전에

"엄마, 나 바람막이 새로 사게 돈 좀 줘. 다른 애들은 이제 이거 아무도 안 입는단 말이야."

"새로 산 지 얼마나 됐다고 또 새 옷 타령이야? 안 돼. 돈 나갈 곳이 얼마나 많은지 알아?"

새 물건을 사고 싶어서 부모님과 다툰 적 있나요? 부모님은 '돈 나갈 곳'이 너무 많다는데, 대체 다 어디로 나간다는 것일까요? 식비, 자동차 기름값, 학원비, 옷값 등등 생각나는 대로 세어봐도 아직은 알쏭달쏭합니다.

매일같이 새로운 옷, 새로운 신발, 새로운 이것저것이 쏟아져나와 눈은 핑핑 돌아가는데……. 어른이 되면 갖고 싶은 것을 모두 살 수 있을까요?

사람들은 일을 해서 돈을 벌고 그 돈으로 갖고 싶은 물건을 삽니다. 저축을 하기도 하고, 남에게 돈을 빌려주거나 빌리기도 합니다. 이런 활동들이 모두 '경제'에 들어간답니다.

'경제'라고 하면 무엇이 떠오르나요? "경제가 어렵다"는 말이 가장 먼저 떠오르지 않나요? 경제가 어렵다는데, 경제가 어렵다는 건 구체적으로 어떻게 어려운 것일까요? 경제가 어려우면 돈을 많이 찍어내거나 사람들 월급을 올려주면 될 것 같은데, 왜 그렇게 하지 않는 것일까요?

우리는 앞으로 평생 돈을 벌고 돈을 쓰는 '경제'라는 큰 울타리 안에서 살아가야 한답니다. 그런데 정작 경제가 무엇인지, 어떻게 돌아가는지 잘 모른다면 불편하지 않을까요? 경제에 대해 잘 아는 사람과 경제에 대해 잘 모르는 사람. 둘 중 어떤 사람이 앞으로 더 편리하고 현명하게 생활을 꾸려나갈 수 있을까요?

사람들은 여행을 떠나기 전, 이것저것 필요한 준비를 합니다. 짐을 잘 정리하지 않으면 여행 중에 길을 헤맬 수도 있고, 여행지의 지리 사정을 잘 알아두지 않으면 꼭 가고 싶었던 여행지에 가지 못할 수도 있습니다. 하지만 준비를 꼼꼼히 한다면 먹고 싶었던 것을 먹고, 가고 싶었던 곳에 가고, 사전 탐색을 통해 여행비를 아끼기까지 하는 알찬 여행을 즐길 수 있을 거예요.

경제도 마찬가지입니다. 경제에 대해 공부하고 준비한 사람과 준비하지 않은 사람의 삶은 달라질 수밖에 없겠지요.

지금부터 여러분은 이 책을 통해 복잡하고 어렵게만 느껴지던 경제의 이모저모를 살펴보게 될 것입니다. 하지만 그러기 위해서는 약간의 준비가 필요하답니다.

어렵냐고요? 그렇지 않아요. 더 쉽게 공부하기 위한 몇 가지 규칙만 기억해두면 된답니다. 게임을 하기 전에도 게임의 규칙은 알아둬야 하잖아요?

경제란 무엇일까?

경제에 대해 공부하려면 먼저 경제의 뜻부터 짚고 넘어가야 하겠습니다. 경제, 경제, 어릴 때부터 이야기는 많이 들었는데, 경제란 꼭 집어서 무엇일까요?

인터넷에서 '경제'라는 글자를 찾으면 연관된 검색어가 약 800개 정도 나옵니다. 경제지표, 공동경제, 재정경제부, 가정 경제, 국민총생산 등등. '경제'란 단어에 연관된 단어들만 모두 알아도 경제 박사가 될 수 있지 않을까 싶을 정도입니다. 경제라는 단어를 나무뿌리라고 생각해보면 그 뿌리에서 약 800개 정도의 가지가 뻗어나왔다고 할 수 있습니다.

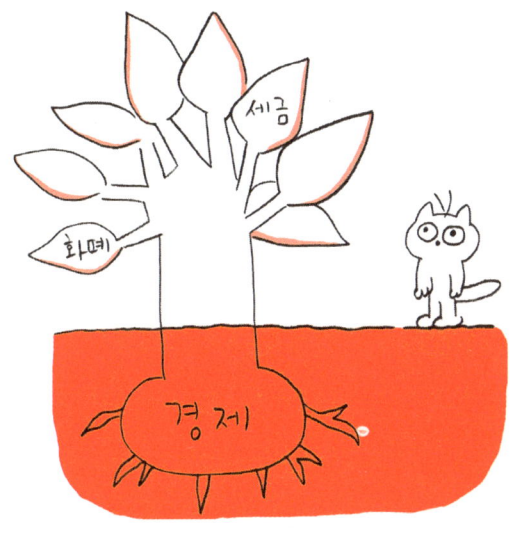

　다음 그림을 보면서 경제라는 뿌리를 통해 자라난 가지와 잎들을 상상해보세요. 가지마다 잎마다 열린 단어들을 알게 되면 그게 경제를 다 알게 되는 것과 마찬가지 아닐까요? 어떤 단어들이 있을까요? 세금, 화폐, 생산, 소비, 불황, 은행······. 시장경제나 경기부양 같은 좀 더 어려운 단어를 떠올릴 친구들도 있을 것 같네요.

　인터넷뿐인가요? 서점에도 경제학 관련 책이 넘쳐납니다. 평생 읽어도 다 읽을 수 없을 만큼 가득 쌓여 있는데도 매일매일 새로운 경제학 책이 출간됩니다.

　그런데 경제란 그렇게 거대하기만 한 것일까요? 곰곰이 생각해 보면 일상생활 속에도 경제에 관련된 활동이 정말 많다는 것을 알 수 있을 겁니다.

우리가 평소에 생활하면서 가장 많이 하게 되는 경제적 활동은 역시 '소비', 즉 물건을 사는 행위일 것입니다. 여러분은 오며가며 많은 물건을 삽니다. 그리고 영수증을 받지요.

영수증	
빵	11,000원
과세금액	10,000원
부가세	1,000원
합계	11,000원

영수증을 살펴봅시다. 구매한 상품의 이름과 가격, 그리고 '부가세'라는 항목이 쓰여 있습니다. 부가세는 '부가가치세'의 준말입니다. 영어로는 Value Added Tax라고 하고 약자로 VAT라고 합니다. 식당에 따라 메뉴판 아래 'VAT가 추가됩니다'라고 쓰여 있는 것을 본 적이 있을 것입니다. 부가세는 물건 가격의 1/11입니다. 여러분이 11,000원 어치의 물건을 샀다면 그중 물건 값은 1만 원이며 부가세가 1천 원 포함되어 있는 것입니다.

부가가치세는 상품의 생산 및 유통 과정에서 발생하는 부가가치에 대해 매기는 세금입니다. 우리는 상품을 살 때 상품값으로 지불하는 돈 외에 부가가치세를 자동으로 지불하고 있습니다. 따로 세금을 내지 않더라도 용돈으로 떡볶이를 사 먹거나 피씨방에 갈 때 이미 세금을 내고 있는 겁니다. 이처럼 사람은 태어나 소비를 하는 순간부터 경제활동을 하며 살게 됩니다.

사람들은 경제 속에서 호흡하며 살아가고 있습니다. 그러나 공기가 눈에 보이지 않듯이 경제 또한 눈에는 보이지 않습니다. 그래서 경제라는 것을 어렵고 막연하게 생각하기 쉽습니다. 하지만 우리 인간은 한시라도 경제라는 울타리를 벗어나 살 수 없습니다. 회사에 나가거나 아르바이트를 해서 돈을 벌어 시장에서 음식을 사거나 학원에 학원비를 냅니다. 아침에 일어나 밤에 잠들 때까지 돈을 벌고 쓰는 모든 일들이 경제라는 울타리 안에서 벌어집니다.

자, 이제 경제가 무엇인지 조금 감이 오나요?

경제의 '경'에 해당하는 한자어의 뜻을 사전에서 찾아보면 다음과 같습니다.

 지날 경, 글 경
①지나다 ②목매다 **③다스리다** ④글 ⑤경서(經書)

경제의 '제'에 해당하는 한자어의 뜻은 다음과 같습니다.

 건널 제
①건너다 ②돕다 ③도움이 되다 **④구제하다** ⑤이루다

이 두 글자가 합쳐져 우리가 아는 '경제'가 됩니다. '경' 자의 세 번째 뜻을

보면 '다스리다'라고 되어 있지요? 또 '제'의 네 번째 뜻은 '구제하다'입니다. 즉, 우리가 쓰는 경제란 말은 다스리고 구제한다는 뜻입니다. 이것은 중국의 고문헌에 나오는 '경세제민(經世濟民)'의 약자입니다. 경세제민이란 세상을 다스리고 백성을 구제한다는 말입니다.

이런 점은 '경제'를 뜻하는 영어 단어 economy에서도 나타납니다. '집안'이라는 뜻의 그리스어 oikos와 '관리하다, 다스리다, 경영하다'라는 뜻인 nomos가 합쳐진 것이 economy입니다. 즉 economy의 원뜻은 '집안을 관리하다', '집안을 다스리다' 즉 '집안 살림'입니다. 집안 살림을 확장하면 나라 살림이 됩니다. 동양에서 경제라는 단어는 세상을 다스리고 백성을 구제한다는 뜻에서 파생되었고, 서양에서는 집안 살림이라는 뜻에서 파생되었습니다. 약간의 차이가 있기는 하지만 '다스리고 관리한다'라는 점에서는 일맥상통합니다.

경제학은 어떤 학문일까?

앞에서 경제라는 나무에서 자라난 가지와 잎의 이름을 생각해 보자고 했습니다. 실제로도 경제는 여러 가지 지표들로 구성되어 있답니다. 마치 한 뿌리에 돋아난 나뭇가지나 나뭇잎들처럼요. 지표란 어떤 상황이나 사물의 수준, 상태를 측정하는 기준을 뜻합니다. 경제는 곧 다양한 지표들의 모임으로 이루어집니다. 다음 표를 볼까요?

한국경제 주요 지표 전망

구분	2012년	2013년
GDP(국내총생산) 성장률	3.0%	3.8%
소비자물가 상승률	2.7%	2.9%
실업률	3.3%	3.2%
경상수지(흑자)	200억 달러	180억 달러

자료: 한국은행

　표 가장 위에서 '주요 지표'라는 단어를 찾아볼 수 있죠? 주요 지표란 지표들 중에서 중요한 지표란 뜻입니다.

　'녹색지표'라는 지표가 있습니다. 이는 환경오염의 정도를 측정하는 지표입니다. 이 지표에는 온실가스 배출량, 재생에너지 사용률, 쓰레기 발생률 등으로 구성됩니다. 환경오염의 정도를 측정할 수 있는 다양한 기준들이 녹색지표를 구성하는 것이지요.

　마찬가지로 경제 상황을 측정할 수 있는 다양한 지표가 존재합니다. 이것을 경제지표라고 하는데, 물가, 경제 성장, 무역수지, 실업률, 국내총생산(GDP), 국민총생산(GNP), 소비자지출, 지니계수, 이자율, 인플레이션, 국가부채, 증권시장 등이 있습니다.

　경제학은 말 그대로 '경제를 연구하는 학문', 즉 경제라는 뿌리에서 자라난 가지와 잎들, 경제를 구성하는 지표들을 연구하는 학문입니다. 간단히 정의하자면, 경제학은 생산과 분배, 그리고 재화나 용역의 소비와 같은 경제 현상을 연구하는 사회과학입니다.

경제학자들은 복잡다단한 경제활동 속에서 규칙을 찾고, 경제활동에 의해 나타나는 경제 현상의 원인과 결과를 탐구하고 예측합니다. 정확한 분석과 예측을 위해 경제학자들은 세계의 경제 상황, 개개인과 기업의 노동과 소비, 투자, 고용을 분석하고 재화의 가격 등을 어떻게 결정하는지를 연구한답니다. 경기침체와 호황, 개인이나 국가 간에 나타나는 부의 불균형과 같은 것들도 경제학의 주요 관심 분야이지요.

왜 그렇게 열심히 경제 현상을 연구해야 하냐고요?

궁극적으로 경제학을 연구하는 이유는 인간의 욕망은 무한한데 지구의 자원은 유한하기 때문이라 할 수 있습니다.

지구에는 많은 사람들이 살고 있습니다. 그리고 사람의 욕망은 끝이 없습니다. 그러나 자원의 양에는 한계가 있습니다. 지구의 자원으로 사람의 무한한 욕망을 모두 채울 수는 없습니다.

욕망과 자원의 관계는 반비례 관계입니다. 어떤 자원을 원하는 사람들의 욕망이 커질수록 해당 자원은 줄어들고, 사람들의 욕망이 작아질수록 해당 자원은 늘어납니다. 여러분도 유행하는 옷이 품절되어 사고 싶어도 살 수 없거나 인기 있는 식당의 음식이 다 팔려서 먹고 싶어도 먹을 수 없는 경우를 본 적이 있을 것입니다.

사회 구성원들의 욕망에 비하여 그 욕망을 충족시켜줄 수단인 자원이 상대적으로 부족한 현상, 이를 희소성의 법칙이라고 하며, 경제학의 출발점이 되는 가정입니다.

자원과 욕망이 반비례한다면 욕망을 통제하거나 자원을 늘려야 합니다. 그러나 지구의 자원에는 한계가 있습니다. 인간의 욕망을 통제하기도 어렵습니다. 그러면 어떻게 해야 할까요? 경제학은 자원이 한정되어 있으니 생산을 함부로 해서는 안 된다고 말합니다.

예를 들어 100장의 가죽이 있다고 가정합시다. 이것으로 물건을 만들어 장사를 하려 합니다. 무엇을 얼마나 만들지 신중하게 결정해야 합니다. 구두를 만들었는데 팔리지 않는다면 재고로 쌓이고 회사는 문을 닫아야 할 것입니다. 하지만 가방을 많이 만들었는데 잘 팔린다면 돈도 많이 벌고 회사는 더 커질 수 있을 것입니다.

그렇지만 구두가 잘 팔릴지, 가방이 잘 팔릴지 완벽하게 예측할 수는 없습니다. 그렇기 때문에 생산자들은 소비자들이 무엇을 원하는지 연구하고, 유행을 탐색하고, 날씨와 세상이 돌아가는 상황까지 고려해 가장 잘 팔릴 것 같은 물건을 만들고자 노력합니다.

한정된 자원으로 무엇을 만들어야 큰 효과를 낼 수 있을 것인가? 이것이 경제학이 연구하는 질문입니다. 경제학이 희소성을 가정하는 이유는 최소비용으로 최대효과를 내기 위해서입니다. 이것을 효율성이라고 합니다.

구두와 가방의 판매 가격이 똑같다고 쳤을 때, 가방을 만들 때 드는 비용이 구두를 만들 때 드는 비용보다 높다면 구두를 만들 확률이 높습니다. 그리고 구두를 만들기로 결정했으면 가방 만드는 것은 포기해야 합니다.

이때 구두 대신 가방을 만들었을 때 얻을 수 있는 이익을 기회비용이라 합니다. 기회비용이란 여러 선택지 중 하나를 선택했을 때, 그 선택으로 인해 포기해야 하는 비용을 뜻합니다.

기회비용은 생산과 소비, 양쪽에서 모두 발생합니다. 내가 구두를 팔아 얻을 수 있는 이익이 20만 원, 가방을 팔아 얻을 수 있는 이익이 10만 원이라 할 때 내가 구두를 팔기로 결심했다면 기회비용은 가방을 팔아 얻을 수 있는 10만 원이 됩니다.

데이트를 할 때 영화를 보는 비용이 1만 원이고, 게임을 하는 비용이 5,000원이라 합시다. 이때 영화를 보기로 한다면 기회비용은

5,000원입니다. 반대로 게임을 하기로 한다면 기회비용은 1만 원이 됩니다.

기회비용은 한정된 자원으로 가장 비용을 덜 들이고(최소비용) 가장 많은 이득을 얻을 수 있는 방법을(최대효과) 선택하는 기준입니다. 소비자의 입장일 때도 마찬가지입니다. 물건을 살 때는 가장 싼 가격으로 가장 질 좋은 물건을 선택하려고 합니다. 비싼 돈을 내고 질 나쁜 물건을 사고 싶어 하는 사람은 없습니다.

자, 생산자와 소비자의 행위에 이처럼 일정한 규칙이 생겨났습니다. 싸게 만들고 싸게 사려는 경향입니다. 이것은 거의 대부분의 사람에게 규칙적으로 나타나는 경향이기 때문에 '법칙'이라고 부릅니다. 경제학에서는 이를 합리적인 선택이라고 말하고, 인간이 합리적인 선택을 하는 존재라고 생각합니다.

그러나 이것은 어디까지나 가정일 뿐입니다. 인간은 과연 이성적이고 합리적이기만 할까요? 쇼핑 중독증에 걸려 파산한 사람을 합리적이라고 하기는 힘듭니다. 이성적이고 합리적인 인간만을 가정하고 경제학을 연구하는 것은 과연 옳은 것일까요?

이성적이고 합리적인 가상의 인간이 아니라 실제 인간을 전제로 한 경제학도 있습니다. 대니얼 카너먼(Daniel Kahneman, 1934~)이라는 경제학자가 심리학, 행동학을 경제학에 적용시켜 만든 행동경제학입니다. 이 이론으로 카너먼은 2002년에 노벨경제학상을 받았습니다.

자원이 한정되어 있다는 점도 다시 고민해볼 부분입니다. 버려지는 음식에 대한 이야기를 쓴 책도 있습니다.[1] 전 세계적으로 식량이 남아도는데도 굶어 죽는 사람들이 존재합니다. 돼지 500만 마리가 산 채로 태평양에 버려진 적도 있습니다. 그 돼지를 모두 요리해 먹으면 굶어 죽는 사람은 대폭 줄어들 것인데도 말입니다. 왜 이런 일이 벌어질까요? 이는 공급을 조절해 돼지의 가격을 조정하려는 사람들이 있기 때문입니다. 자원을 가지지 못하는 이유가 반드시 자원이 부족하기 때문만은 아님을 알 수 있습니다.

어떤 자원이 정말 희소한 자원이고, 어떤 자원이 공급 조절을 받고 있는 자원일까요? 곧 석유가 고갈된다는 석유 위기론이 심심치 않게 논의됩니다. 이는 석유가 더 이상 채굴되지 않기 때문일까요, 아니면 석유를 누군가가 독점해 통제하고 있기 때문일까요?

경제학의 전제들은 가정일 뿐입니다. 가정이기 때문에 정답을 확신할 수 없고, 의심을 거둘 수 없습니다. 자원이 희소하기 때문에 선택을 해야 하고, 기회비용이 덜 들어가는 쪽으로 결정을 한다는 것은 생산자의 입장에서 해석하면 결국 적게 투자해 많이 벌고 싶은 욕망을 나타내는 것입니다. 물건을 소비하는 소비자의 입장도 마찬가지입니다. '될 수 있으면 싸게, 하지만 좋은 물건을 구입'하고자 합니다. 이쯤 되면 경제라는 것은 생산자와 소비자가 물건을 놓고 사투를 벌이는 전장 같아 보입니다.

경제학은 더 많은 이득을 보는 것이 중요하다는 기본 가정을 내리고 있습니다. 즉, 성장을 촉진하고 욕망을 부추기는 것, 더 많은 이득을 얻기 위해 무엇을 선택할지를 결정하게 하는 것이 기존의 경제학입니다.

그러나 이 경제학을 뒤집어봅시다. 인간의 욕망은 무한한 성장을 원합니다. 보릿고개 시절을 벗어난 지 약 30년밖에 되지 않은 대한민국이 2011년에는 수출 1조 달러를 달성한 세계 12위권 국가가 되었다고 합니다. 경제학의 기본 가정대로라면 자원이 희소하므로 무한한 성장은 불가능할 것입니다. 그런데도 국가는 끝없는 '경제 성장'을 추구합니다.

자본주의는 무한 성장을 좇아갑니다. 그렇다면 무한 성장을 향한 욕망을 어떻게 해야 할까요? 이것은 경제학의 가장 중요한 주제입니다. 경제는 과연 무한 성장할 수 있을까요? 그렇다면 이 세상의 모습은 어떻게 변할까요? 인간의 욕망을 통제할 수 있을까요? 경제 성장에서 해방될 수는 없을까요? 경제 성장에서 해방되면 무슨 일이 벌어질까요?

세계 경제가 근본적으로 변하지 않으면 2030~2050년 사이에 성장이 멈출 것이라고 예측한 학자도 있습니다.[2] 하지만 무한한 성장이 만일 가능하다면, 경제 성장은 행복만을 가져다줄까요? 그렇지 않다면 어떤 사람들이 행복해지고 어떤 사람들이 불행해질까요? 경제 성장이 멈추면 어떤 일이 일어날까요?

여기에 대한 진지한 답을 내놓는 것이 이 시대 경제학의 중요한 숙제라는 점을 염두에 두고, 이제 본론으로 들어갑시다.

경제의 4대 원칙

- **최소비용 최대효과의 법칙** : 가장 적은 비용을 들여 가장 큰 효과를 얻으려 한다는 법칙
- **희소성의 법칙** : 인간의 무한한 욕망을 충족시켜줄 수 있는 재화나 용역은 한정되어 있다는 법칙
- **수요와 공급의 법칙** : 가격이 오르면 수요가 줄고 공급이 늘며, 가격이 내리면 수요가 늘고 공급이 준다는 법칙
- **기회 비용의 법칙** : 여러 선택지 중 한 가지를 선택해야 할 때 가장 후회가 적은 쪽을 선택한다는 법칙

02

경제와
경제활동

컴퓨터 게임을 좋아하세요? 인터넷 홈페이지 탐방이나 페이스북, 트위터 같은 SNS 활동은 어떤가요?

우리는 이제 디지털 세상과 떼려야 뗄 수 없는 생활을 하고 있습니다. 놀이는 물론 친구들과의 대화나 소통도 컴퓨터와 휴대폰을 중심으로 이루어지고 있으니까요.

그런데 컴퓨터 게임을 하거나 인터넷을 할 때, 또는 친구들과 휴대폰으로 메시지를 주고받을 때, 여러분은 놀이를 하고 있다고 생각하나요, 아니면 일을 하고 있다고 생각하나요?

"게임이 무슨 일이야? 게임은 놀이지!"

많은 사람들이 이렇게 답할 것입니다. 하지만 돈을 받고 게임을 하는 프로게이머들에게 게임은 놀이일까요, 일일까요? 기업에서 상담원이 손님들과 인터넷으로 대화를 나누거나 휴대폰 메시지를 주고받는 것은 놀이일까요, 일일까요? 이때, 놀이와 일을 구분하는 기준은 무엇일까요?

같은 행위가 놀이일 때도 있고, 일일 때도 있다면, 사람들은 일을 하듯 놀 수도 있고, 놀이하듯이 일을 할 수도 있을 것입니다. 그것을 알기 때문에 사람들은 조금이라도 즐거운 마음으로 보람찬 일을 하기 위해 노력합니다.

하지만 지금 우리가 살고 있는 자본주의 사회에서는 '즐겁게 일하기'가 그리 쉽지만은 않답니다. 왜냐고요? 그 이유를 알아야 앞으로 어떻게 즐겁게 일할 수 있을지 생각해볼 수 있겠죠? 자, 소개되는 내용을 잘 살펴봅시다.

경제와 경제활동을 구분 짓는 '시장'

지금까지 여러분은 이 책의 서론 부분을 읽었습니다. 경제라는 단어의 뜻, 지표를 알아야 경제를 이해할 수 있다는 사실, 경제학의 정의, 기회비용과 희소성의 법칙 등 경제의 원칙들을 살펴보았습니다.

정말이지 경제에 관련한 질문은 하늘의 별만큼이나 많습니다. 재화와 서비스는 누가 어떻게 생산하는가? 만들어진 물건들은 어디서 소비되는가? 상품은 왜 돈과 교환되는가? 만든 물건을 어떻게 사람들에게 나누어 줄 것인가? 물건의 가격은 누가 결정하는가? 등등, 궁금한 것을 따지자면 한도 끝도 없지요. 그런데 경제에 대해 이야기할 때는 유의할 점이 있습니다. 그것은 **경제**와 **경제활동**을 구분하는 것입니다.

집에서 음식 준비를 하거나 집에서 아기를 돌보는 활동은 경제라고 할 수 있을까요? 유치원이나 어린이집에서 아이를 돌보는 활동은 어떨까요?

어떤 활동이 경제인지 아닌지는 동기, 수단, 기능에 따라 나눌 수 있습니다.

사람들의 행동에는 이유나 **동기**가 있습니다. 자원이 희소한 가운데 효용성을 극대화하려는 욕구가 행동의 동기가 됩니다.

그리고 사람들은 자신들의 목적을 추구할 때 **수단**을 사용합니다. 돈을 쓰기도 하고, 관심을 충족시키기 위해 다른 자원들을 사용하기도 합니다.

또, 경제에는 사회적인 **기능**이 있습니다. 경제의 움직임이 물가와 금리를 조정하며 노동자의 임금을 결정합니다. 이 세 가지가 충족되어야 경제라고 할 수 있습니다.

반면 경제활동은 사람이 생활하는 모든 부분에서 일어나는 일을

가리킵니다. 집에서 음식을 준비하고 아기를 돌보는 일은 매우 중요한 일이지만 경제가 아니라 경제활동으로 봅니다. 돈으로 환산할 수 없는 귀중한 일이지만 그 일의 대가로 누군가에게 돈을 받지 않기 때문입니다.

하지만 유치원에서 돈을 받고 아이들을 돌보거나 베이비시터 일을 하는 것은 경제입니다. 그리고 경제가 움직이는 영역, 돈과 용역, 재화가 교환되는 공간을 가리켜 **'시장'**이라 합니다.

경제활동과 경제를 구분하는 이유는 '시장'을 이야기하기 위해서입니다. 시장(市場)은 줄여서 장(場)이라고도 합니다.

시장이라고 하면 언뜻 대형마트나 재래시장, 농수산물 시장 같은 물건을 사고파는 장소만을 떠올리기 쉽습니다.

그러나 경제학에서 시장은 '공급자와 수요자가 가격을 조정해 거래를 형성하는 장소나 영역'을 뜻합니다. 우리가 장을 보는 시장뿐 아니라 물건을 거래하는 영역은 모두 시장입니다. 예를 들어 'S사가 휴대폰시장에 뛰어들었다'라는 신문 기사가 났다면 그것은 S사가 휴대폰을 판매하기 시작했다는 뜻입니다. 혹은 '서비스시장의 경쟁이 심해지고 있다'라고 한다면, 서비스를 제공하는 회사들의 경쟁이 심해지고 있다는 뜻입니다. 이처럼 시장은 우리 눈에 보이는 공간이기도 하지만, 재화와 서비스의 거래가 이루어지는 추상적인 영역이기도 합니다. 시장경제는 각 경제주체들이 자유경쟁을 통해 가격을 형성하는 경제 형태를 말합니다.

시장을 영어로 market이라 합니다. 그런데 이 단어는 '표시하다'라는 뜻인 mark에서 파생된 단어입니다. mark의 과거형인 marked가 변형되어 market이 된 것이지요.

그렇다면 누가 무엇을 표시했다는 뜻일까요? 바로 자본이 영역을 표시했다는 뜻입니다. 자본은 재화와 용역의 생산에 사용되는 돈을 뜻하는데, 이 자본이 '내가 찍어놓은 구역이야'라고 표시해놓은 곳이 곧 시장이라는 말입니다. 러시아어로 시장을 '리녹'이라 합니다.

러시아어로 물고기를 뜻하는 '리바'에서 온 단어인데, 러시아에서 시장이란 '물고기가 거래되는 곳'이란 뜻을 가지고 있었음을 알 수 있습니다. 지금도 아프리카 등지에는 강이나 바다에서 잡은 물고기를 팔아 생계를 유지하는 부족들이 있습니다.

오늘날에는 시장의 종류가 어마어마하게 늘어났습니다. 의식주에 해당하는 물건들이 거래되는 곳만이 아니라 의료시장, 보험시장, 육아시장, 인력시장, 노동시장, 소비시장 등등 시장 아닌 것이 없습니다. 자본이 투입되는 곳이면 어디든 시장이 형성된다고 봐도 무방하겠습니다.

시장은 경제를 이해하는 데 빼놓을 수 없는 항목입니다. 하지만 더 상세한 이야기는 조금 뒤에 하도록 하고, 경제를 이해하는 데 있어 또 다른 중요한 문제를 다뤄보도록 하겠습니다.

경제와 경제활동의 정리
- **경제** : 생산 · 소비 · 분배의 영역에 들어가는 모든 활동
- **경제활동** : 가사노동 · 육아노동 등 시장에서 인정하는 노동의 영역 밖에서 벌어지는 활동을 포함한 개념

경제를 경제활동으로, 경제활동을 경제생활로 표현하는 경우도 있습니다.

노동, 작업, 행위

우리말에 '품'이라는 말이 있습니다. 품은 '어떤 일에 드는 힘이나 수고'를 뜻합니다. '품을 팔다'라고 하면 '노동력을 제공하고 대가를 받는다'라는 뜻이고, '품삯'은 품을 팔아 받는 대가를 말합니다. '품앗이'는 서로 힘을 합쳐 협동 노동을 한다는 뜻입니다.

'노동(勞動)'은 영어로 labour, 우리말로는 품이라 쓸 수 있겠습니다. '작업(作業)'은 영어로 work, 우리말로는 일이라고 옮길 수 있습니다. labour는 라틴어인 '라보르(labor)'에서 왔습니다. '라보르'는 고통, 노역, 고통스러운 일이란 뜻으로 널리 활용되었습니다. 옛날 척박한 환경 속에서 끊임없이 힘든 농사일을 해야 했던 농민들은 '라보라토레스(laboratores)'라고 불렀습니다. '라보르'에서 유래한 단어입니다.

5세기부터 11세기까지, 중세 유럽에서 일은 원죄에 대한 형벌로 여겨졌다고 합니다. 성 베네딕트 수도원에서는 수도사들의 계율 속에 일을 집어넣어 이를 철저하게 실천하도록 했습니다. 일을 '에덴동산에서 추방되었을 때 인간에게 강제된 속죄'의 일환이라고 생각했기 때문입니다.

우리말도 다르지 않습니다. '노고', '수고'의 '고' 자는 바로 쓸 고(苦) 자입니다. 이는 노동이 힘들고 고되다는 것을 표현합니다.

반면 work는 '갈퀴 모양' 혹은 '비틀다'라는 뜻의 wor-에서 파생되었다고 합니다. 무엇인가를 비틀어 돌리는 것이 '일'의 원뜻이었던 겁니다. 간혹 일을 노동과 같은 뜻으로 쓰기도 하지만, 일이라는 단어에는 고통이라는 뜻이 보다 약하게 들어가 있는 듯합니다. 일을 좋아하는 일 중독자를 일컫는 일벌레, 워크홀릭이라는 단어도 있지요. 어떻게 고되고 힘든 일을 좋아할 수가 있을까요? 혹시 강제된 노동을 좋아서 하는 일로 착각하고 있는 것은 아닐까요? 일과 노동은 어떻게 다를까요?

공장에서 직물을 짜는 것과 집에서 하는 뜨개질은 같을까요?

식당 주방에서 그릇을 닦는 것과 우리가 집에서 저녁을 먹고 하는 설거지는 같을까요?

공장에서 직물을 짜거나 식당에서 설거지를 하는 것은 '노동'이지만, 집에서 하는 뜨개질이나 설거지는 '일'이 됩니다.

내가 즐거움을 위해 책을 읽거나 운동을 한다면 그것은 '놀이'입니다. 하지만 독서나 운동에도 강제력이 생기면 놀이가 아니라 '일'이 되어버립니다. 공부에 지친 학생들이 책상 위에 엎드려 있는 모습은, 공부와 독서가 '놀이'가 아닌 '일'이 되며 나타나는 현상이라 할 수 있습니다.

집에서 하는 뜨개질이나 설거지 같은 일도 대가로 돈이 주어진다면 품값을 받는 것이므로 노동으로 변합니다. 노동이 되기 위해서는 노동력과 화폐가 교환되어야 합니다. 노동은 시장 안에서 일어나는 일이며, 시장 바깥에서 발생하는 일은 노동이 아니라 일일 뿐이기 때문입니다. 그러면 부모님이 시키는 심부름은 일일까요, 노동일까요, 놀이일까요?

서로 혼동되기도 하는 이 말을 깊이 분석한 사람이 있습니다. 독일의 철학자이자 정치학자인 한나 아렌트(Hanna Arendt, 1906~1975)입니다. 그는 1958년에 쓴 책 『인간의 조건』[3]에서 노동과 작업이라는 말의 의미를 철학적으로 깊이 파고들었습니다. 한나 아렌트는 다음과 같이 말했습니다.

> **'활동적 삶(vita activa)'이라는 용어로 나는 인간의 세 가지 근본활동을 나타내고자 한다. 노동, 작업, 행위가 그것이다. 이것들은 인간이 지상에서 살아가는 데 주어진 기본조건들에 상응하기 때문에 인간의 근본활동이다.**

아렌트는 자신의 책에서 노동(labor, 품)은 '인간 신체의 생물학적 과정에 상응하는 활동'이라고 했습니다. 사람이 생물학적으로 생존하고 욕망을 채우기 위해 하는 활동이 노동이라는 것입니다. 밥을 먹기 위한 활동, 옷을 입기 위한 활동, 물을 마시기 위한 활동 등은 모두 노동이 되겠습니다.

작업(work, 일)은 '인간 실존의 비자연적인 것에 상응하는 활동'이라고 했습니다. 단순히 생존하기 위해서를 뛰어넘어 자신의 능력을 살리고 재미, 즐거움, 명예 등을 바라며 행하는 제작 활동입니다. 생존과 관계 없이 즐거워서 그림을 그리거나 공예품을 만드는 활동을 작업이라 할 수 있겠습니다. 아렌트의 책 원문에서 작업은 'work'라고 기재되어 있습니다. 우리말로 옮기면 작업이라 할 수도, 일이라 할 수도 있겠지요.

행위(action)는 '사물이나 물질의 매개 없이 인간 사이에 직접적으로 수행되는 유일한 활동'이라 했습니다. 개인적 욕망에서 비롯되지 않은 대가 없는 활동, 봉사활동이나 사회운동 참여 등이 행위에 속합니다.

경제학 이야기를 하다가 웬 철학 이야기냐고 반문할지 모르겠습니다. 하지만 경제학과 철학 사이에는 우리 생각보다 깊은 관련이 있답니다. 최초의 경제학자로 여겨지는 애덤 스미스(Adam Smith, 1723~1790)도 원래는 경제학자가 아니라 도덕 철학자였으니까요.

아렌트의 이야기에는 경제활동과 경제의 차이를 이해하기 위한 힌트도 있습니다. 아렌트는 노동, 작업, 행위를 인간의 조건이라 보았습니다. 이 중 행위는 경제와 무관해 보이지만, 정치에 연관된다는 점에서 경제와 떼놓을 수 없게 됩니다. 정치와 경제는 떼려야 뗄 수 없는 사이니까요.

서로 혼동하기 쉬운 일과 노동을 구분하는 데도 아렌트의 이야기는 근거가 될 수 있습니다. "왜 일을 하느냐"고 물어보면 사람들은 흔히 "먹고 살려고 한다"고 대답합니다. '먹고 살려고 일을 한다'는 말은 곧 '생존을 위해서 일을 한다'는 뜻입니다. 인간은 뭔가를 먹어야 살 수 있으며, 먹을 것을 구하기 위해서는 노동을 할 수밖에 없습니다. 이처럼 노동은 인간이 가진 필연이며, 인간은 자연이 만드는 필연의 노예라 할 수 있습니다. 고대 그리스 사회에서 노동은 노예의 활동이었습니다.

그리고 장인들은 '작업'이라 불리는 '일'에 종사했습니다. 작업은 생존을 위한 활동이 아닙니다. 멋진 집을 짓고, 아름다운 옷을 만들고, 그림을 그리고, 노래를 부르고, 글을 쓰는 활동은 살아가기 위해 반드시 필요한 것이 아닙니다. 이러한 일은 인간이 각자의 재능을 발휘하고 더 나은 삶을 추구하기 위해 하는 것입니다. 하지만 아렌트는 작업만으로는 인간의 조건을 채울 수 없다고 말했습니다. 작업은 노동보다는 진일보한 형태의 활동이지만, 여기서도 사람은 여전히 개개인으로 존재하며 정치적인 집단으로 활동하지 않기 때문입니다.

노예도 아니고 장인도 아닌 사람들, 그리스의 '자유 시민'들은 노동과 작업에서 벗어나 공공의 행복과 이익을 위한 정치적인 활동을 했습니다. 이것이 바로 아렌트가 말하는 '행위'입니다.

고대 그리스의 노예 제도는 인간을 노동이라는 조건에서 분리시키려는 시도였다고 아렌트는 말합니다. 왜 고대 사람들은 인간을 노동에서 분리시키려 했을까요? 옛 그리스 사람들은 살아가기 위해 필요한 생리적인 구속이 공정하고 독립적인 판단을 방해한다고 생각했던 것입니다.

하지만 오늘날 노동과 작업은 서로 구별되지 않습니다. 현대 사회에서는 모든 것을 경제적인 차원에서 보기 때문입니다. 장인의 목각 제품도 이제는 돈과 교환되는 상품일 뿐입니다. 예전에는 장인에게는 장인의 역할이 있었습니다. 하지만 오늘날 사람들은 그림만 그리거나 음악만 해서는 굶어 죽기 십상이라고 흔히들 말합니다. '노동'만이 모든 가치의 근원으로 신성시되고 있습니다. '작업'도 중요한 것이지만 돈이 되지 않기 때문에 무시 받습니다. 자신의 재능을 발휘하거나 즐거움을 추구하는 수단으로서의 의미는 폄하되고, 금전적 대가가 뒤따르는 작업만이 우대됩니다. '행위' 역시 마찬가지입니다. 공공의 이익을 위한 활동도 경제적인 성과를 내야 더 가치 있는 일로 평가받습니다.

그렇다면 왜 오늘날에는 노동의 가치만이 인정받는 것일까요?

노동의 지위가 상승한 것은 **생산성** 때문입니다. 생산성은 생산 과정에서 생산에 필요한 요소들을 얼마나 효율적으로 활용했는지를

따져보고, 생산에 쓰인 자원에 비해 만들어진 생산량이 얼마만큼인가를 재는 척도입니다.

오늘날 생산성에 이바지하지 않는 것은 무엇이든 무시됩니다. 부의 원천이 되지 못하기 때문입니다. 노동은 생산성에 이바지하는 부의 원천으로 여겨지기 때문에 현대 사회에서도 인정받습니다. 노동을 예찬한 대표적인 사람이 『국부론』의 저자이자 근대 경제학의 초석을 다진 인물로 평가받는 애덤 스미스입니다.

생산성만 강조하다 보면 노동을 인간의 활동이 아닌 부를 축적할 수 있는 수단으로만 보게 됩니다. 노동의 질, 노동자의 수고, 노동자의 괴로움에 대해서는 눈을 감습니다.

근로(勤勞)라는 말이 있습니다. 노동이 단순히 '일을 한다'는 뜻임에 비해, 근로는 '부지런히 일한다'는 뜻입니다. 노동자가 '일하는 사람'이라면 근로자는 '부지런히 일하는 사람'이라는 뜻이 되겠습니다.

근로자라는 말은 노동자가 부지런히 일할 것을 미리 전제하는 말이며, 일하는 사람의 고통과는 아랑곳없이 '부지런히 일해 생산성을 높이는' 것만을 높은 가치로 여기는 말이라 볼 수 있습니다. 근로라는 단어가 사회적 분위기를 어느 정도 반영하고 있는 것입니다.

노동생산성 중심 사회

노동생산성이라는 경제학 개념이 있습니다. 일정 시간의 노동량과 그 성과인 생산량과의 비율을 말하는 것으로, 노동자 한 사람이 일정 기간 동안 생산하는 생산량 또는 부가가치를 나타냅니다.

노동생산성을 측정하는 이유는 노동이 생산성을 향상시켜야 경제 발전이 이루어진다고 생각하기 때문입니다. 노동을 '얼마나 가치 있는가'라는 가치의 관점에서 보는 것이 아니라 '얼마나 생산할 수 있는가'라는 관점에서 보는 것이 노동생산성입니다.

우리나라에는 '한국생산성본부'라는 기관이 있습니다. 어떻게 하면 생산성을 높일 수 있는지 연구하고자 1957년에 세워졌습니다. 노동생산성지수는 노동생산성을 지표로 나타낸 것입니다. 오르면 노동생산성이 향상된 것이고 내리면 노동생산성이 하락한 것입니다.

제조업 분기별 노동생산성 추이

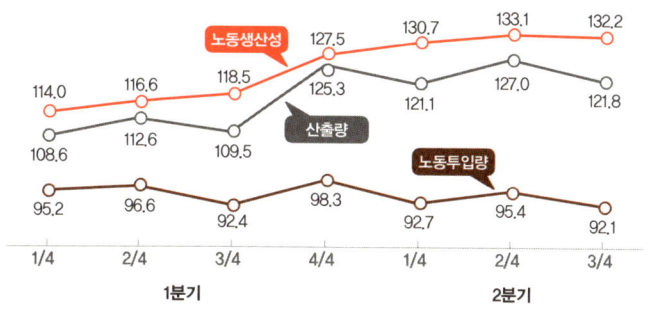

자료: 한국생산성본부 분기별 노동생산성

노동생산성은 오늘날 한국 사회만이 아니라 전 세계가 당면해 있는 중대한 문제들과 연관되어 있습니다.

산업혁명 이전, 농경사회였을 때는 생산성을 높이는 것이 가장 중요한 경제적 과제였습니다. 한 해 흉년이 들면 당장 겨울에 먹을 식량이 모자라 사람들이 굶어 죽고, 옷을 짓는 데도 시간이 오래 걸려 사람들이 새 옷 한 벌을 사 입기 힘들었던 시절입니다.

하지만 산업혁명을 통해 각 분야 공정에 기계가 도입되고 온갖 물품들이 공장에서 생산되기 시작하면서, 이제는 생산성의 좋고 나쁨이 생존의 문제에 직결되는 일은 거의 없어졌습니다. 생산성은 경제적 이익에 연관될 뿐입니다. 생산성이 높으면 이익도 높아지고, 생산성이 낮아지면 이익도 낮아집니다.

생산성이 경제 발전과 이익 추구의 중요한 척도가 되면서, 자본가들은 생산성을 높이기 위해 다방면으로 노력했습니다. 보다 값싼 원료를 구입하고, 보다 최신의 기계를 장만하는 것도 모두 생산성을 높이기 위해서입니다.

노동생산성도 다르지 않습니다. 기업들은 노동생산성을 높이기 위해 보다 값싼 인력을 활용하려 합니다. 그러다 보니 노동자들에게 되도록 적은 보수를 지급하려 하며, 보수에 비해서 더 많은 노동을 시키려고 합니다.

각종 무역협정 등을 통해 '세계화'가 되면서, 많은 기업들이 경제적으로 뒤처진 나라에 공장을 짓고 값싼 노동력을 이용하기 시작했습니다. 이처럼 경제적으로 빈곤한 국가들을 통틀어 '제3세계'라 부릅니다. 기업은 낮은 비용으로 노동력을 이용하고, 빈곤한 국가는 대기업으로부터 투자를 받아 경제 발전을 추진할 수 있으니 언뜻 들으면 서로 간에 좋은 일처럼 들립니다.

그러나 제3세계의 사람들은 매우 적은 보수를 받고 과중한 노동에 시달리고 있습니다. 세계적으로 유명한 대기업들도 '제3세계 노동력 착취'를 공식 인정한 적이 있을 정도입니다. 제3세계 국가의 노동력을 이용하는 기업들 중에는 '다국적 기업'이라 부르는 초대형 기업들이 많이 있습니다. 여러 나라에서 판매 활동을 하는 기업을 다국적 기업이라고 합니다.

어른뿐 아니라 어린이와 청소년들의 노동력도 빈번히 착취됩니다. 일을 하고 받는 보수가 너무 적어 어른들만 일해서는 생활이 어렵기 때문입니다. 전 세계 축구공의 75%를 생산하는 파키스탄에서는 5세 어린이들도 축구공 만들기에 투입돼 하루 10시간 이상을 일합니다. 초콜릿의 원료인 카카오 농장에서 어린이들의 노동력을 착취하고 있다는 사실은 이미 여러 차례 보도된 적 있지만 여전히 특별한 개선은 이루어지지 않고 있습니다.

이처럼 과중한 노동 때문에 제3세계의 많은 어린이들은 제대로 학교를 다니지 못하고, 따라서 국가의 발전 역시 계속 지체됩니다.

먼 외국만의 일 같지만 미성년자 노동력 착취 문제는 우리나라에서도 빈번하게 일어나고 있습니다. 특히 뚜렷한 보호자가 없거나 부양해야 할 가족과 살고 있는 미성년자의 경우 스스로 생활비를 벌어야 하는데, 어른들처럼 보수가 높고 안정적인 일자리를 구하기 힘듭니다. 사회적으로 관심을 받기 힘들어 무보수 잔업 등 지나치게 많은 업무량을 떠안기 쉽고, 일을 하고도 보수를 제대로 받지 못하거나 적게 받는 경우가 자주 발생합니다. 사회적 강자인 어른들의 착취에 저항하기 힘든 청소년 노동자들은 우리나라 노동계의 사각 지대입니다.

모든 노동력 착취와 노동권 침해는 노동생산성을 높이기 위해 발생합니다. 보다 싼 인건비로 보다 긴 시간 동안 일을 시켜 생산량과 이익을 늘리려는 것입니다.

우리는 언제까지 노동생산성을 높이는 것만을 경제학의 목적으로 삼아야 할까요? 어떻게 해야 기업과 노동자 양쪽이 만족하고 타협할 수 있는 구조를 만들어 낼 수 있을까요?

결국 경제학을 공부한다는 것은 세상을 어떻게 움직여야 할 것인가를 고민하는 일이라고도 볼 수 있습니다.

03

시장의
역사

"시장경제를 살립시다!"

정치가들이 선거 운동을 할 때, 기업들이 캠페인을 할 때 자주 입에 올리는 말입니다.

이 말을 "시장 상인들이 장사를 잘할 수 있도록 시장을 부흥시키겠다"라는 뜻으로 잘못 이해하는 경우가 왕왕 생깁니다.

하지만 앞에서 우리는 시장이 '공급자와 수요자가 가격을 조정해 거래를 형성하는 장소나 영역'이라는 뜻임을 이미 살펴보았어요.

그러니 "시장경제를 살리겠다"는 말은 동네 시장을 부흥시키겠다는 말이 아니라, "각 공급자들의 자유경쟁을 지지하겠다"는 말이라는 것을 이해할 수 있겠죠?

그런데 참 이상하지 않나요? 시장경제, 시장경제 하지만 정작 우리에게 친숙한 시장은 따로 있으니까요. 늘어선 노점에서 김밥이나 떡볶이 등을 실컷 먹을 수도 있고, 엄마와 함께 저녁 찬거리를 사러 가서 이 가게 저 가게 둘러보며 가격을 흥정하기도 하고, 여기저기서 물건 사라는 목소리가 울리는 시장 말이에요. 그런 시장에는 가게를 운영하며 꾸준히 장사를 하는 상인들도 있지만, 나물 몇 가지만 앞에 늘어놓고 장사보다는 다른 상인들과 수다 떠는 데 여념이 없는 상인들도 있지요.

더 옛날, 그러니까 지금처럼 대형마트나 백화점, 인터넷 쇼핑몰이 없던 시절의 시장은 훨씬 시끌벅적하고 활기찼어요. 그때의 시장은 물건을 사고파는 공간일 뿐 아니라 사람들이 모여 각종 놀이나 공연을 즐기는 축제의 장이기도 했지요. 어때요, 그런 시장에 가보고 싶지 않나요?

그렇다면 도대체 시장은 어떤 과정을 거쳐서 지금의 모습으로 변했을까요? '시장'이라는 단어가 즐겁고 신나는 장터가 아닌 '자유경쟁'의 상징처럼 언급되기 시작한 것은 언제부터일까요?

경제학 공부를 하기 위해서는 '시장'에 대해 반드시 잘 알고 넘어가야 한답니다. 그럼, 오랜 옛날 시장부터 오늘날의 시장까지 한 번에 둘러보는 여행을 떠나볼까요?

옛날 시장의 모습은?

집에서 가족들에게 음식을 차려주고 돈을 받지는 않습니다. 그러나 식당에서는 손님들에게 돈을 받고 음식을 팝니다. 즉, 음식과 돈이 서로 교환되는 것입니다. 시장은 교환을 가능하게 하는 장소이기 때문에 시장경제는 곧 교환경제이기도 합니다.

오늘날에는 시장 아닌 것이 없을 정도로 모든 것이 시장으로 변해버렸습니다. 우리가 물건을 사러 가는 '장터'를 말하는 것이 아니라 채권시장, 증권시장, 의료시장, 노동시장, 화장품시장, 주택시장, 결혼시장, 장묘시장 등 거래가 이루어지는 영역을 뜻하는 것입니다. '상조시장'이라는 말도 있으니 사람의 죽음도 시장판 안으로 들어가 상업화되었다 해도 과언이 아닙니다.

하지만 자본주의가 나타나기 전의 시장은 지금과 달랐습니다. 지금 우리가 사는 세상을 지배하고 있는 자본주의는 인류의 기나긴 역사에 비하면 그 역사가 무척 짧습니다. 산업혁명이 일어난 1760년부터, 혹은 길게 봐야 16세기 정도에 시작한 것으로 여겨지니 이제 몇 백 년이 된 체제입니다. 경제라는 말이 일상적으로 쓰이기 시작한 지도 100년이 채 안 됩니다.

그전에는 시장이라는 것이 없었습니다. 당시의 경제 형태를 비(非)시장이라고 합니다. 그때의 사람들은 어떻게 살았을까요?

추상적인 거래 영역으로서의 시장과 혼동하지 않기 위해 전통시장, 재래시장 등의 개념은 '장', 혹은 '장터'라고 하겠습니다. 옛날에는 장터에서 여러 가지 재미있는 광경을 볼 수 있었습니다. 장이 열리면 물건들만 모이는 것이 아니라 연극이나 곡예단의 공연도 볼 수 있었고, 놀이기구도 탈 수 있었습니다. 물건을 사고팔러 간 건지 놀러를 간 건지 구분이 안 될 정도였지요.

물건을 파는 사람과 사는 사람이 서로 흥정을 벌이는 모습도 곳곳에서 볼 수 있었습니다. 지금도 재래시장 등지에서는 이처럼 가격을 흥정하는 모습을 심심찮게 볼 수 있습니다. 정찰제로 정해진 가격에 정해진 수량을 파는 현대식 가게들보다는 아직 사람 냄새가 나는 곳이 장터입니다.

그래서 장날은 서민들의 날이기도 했습니다. 신뢰를 바탕으로 외상도 할 수 있었고, 1,000원짜리 한 장으로 따뜻한 국밥 한 그릇을 사 먹을 수도 있었습니다. 지금은 동네 슈퍼마켓에서도 외상으로 물건을 사기는 힘듭니다. 백화점이나 할인점에서는 상상도 할 수 없는 일입니다. 게다가 요즘은 SSM(Super Supermarket)이라는 기업형 슈퍼마켓이 등장하며 장터의 상권을 잠식하는 바람에 장터 상인들과 기업 사이에 갈등이 일어나기도 합니다.

하지만 지금도 책을 통해 옛 장터의 모습을 들여다볼 수 있습니다. 1897년, 경상도 땅 악양 들녘의 마을에 들어선 장터의 모습을 살펴봅시다. 박경리(1926~2008)의 소설 『토지』[4]에 나오는 대목입니다.

섬진강을 끼고 강 건너 전라도를 바라보는 경상도 땅 악양 들녘의 어느 마을. 솜옷 입은 아이들같이 오목하고 따스하게 이엉을 갈아 씌운 황금빛 초가지붕이 꼬막조개 모양으로 옹기종기 모여 앉은 마을은 이제 평화스럽고 한가한 겨울을 맞이하고 있었다. 그

어느 초가집으로 한 사내가 들어선다.

"용이이– 장에 안 갈 건가아–." 성깔깨나 있어 뵈는 강청댁은 장 가자고 서방 찾는 칠성이한테 이내 불평을 늘어놓는다.

"세상에 우리 집 남정네 겉은 게을뱅이가 있을까. 모두래야 두 식군데 신발 밑창 빠지는 것도 모르구마요."

"꼴값 하느라고 안 그려요. 개 훑은 죽사발맹쿠로 매꼬름해 논께, 아지마씨는 그놈 면판만 보고 사소."

칠성이는 칭찬인 듯 비아냥인 듯 잘생긴 용이 얼굴을 들먹이며 이죽거린다.

(중략)

그렇게 장을 찾은 용이는 가져온 닭 두 마리를 팔아 곰보딱지 윤보가 부탁했던 미역 한 갈피며, 강청댁이 뒤통수에다 대고 말하던 참빗이며 베틀북이며를 산다. 칠성이 장바닥에서 만난 봉기와 한바탕 말싸움을 벌이는 동안 용이는 옆마을 사는 사돈뻘의 중년을 만나 인사를 나눈다. 등이 휘게 해물을 짊어진 짐꾼은 받침 작대기로 사람을 쿡쿡 찌르며 악을 쓰고, 거지떼 장타령은 장터를 수놓는데, 집도 절도 없는 늙은이, 방물장수는 이렇게 떠들어 내는 것이다.

"떠리미요, 떠리미! 이렇기 싼 물건은 난생 못 봤을기요, 봤이믄 봤다 카소! 몽땅 개값으로 던지고 갈라누마, 아 서울 자식놈 찾아

갈라누마, 누구든지 몽땅 가지믄 수 터지요! 개값이요오, 개값!"

이 장에서 저 장으로, 지난해에도 십 년 전에도 그렇게 외쳤을 방물장수가 그렇게 때묻은 잡화를 펴놓고 떠들어대고 있을 때, 목가죽이 벌건 사내 하나는 장꾼들 사이를 누비고 다니며 매 같은 눈을 번뜩이며 장세를 받아내고 있다.

이는 다시 만난 칠성이와 삼거리의 주막을 들어선다. 월선이, 용이 어깨 너머 만 리나 먼 곳을 바라보는 것 같은 그녀의 눈을 제대로 보지도 않으면서, 그는 그저 술만 들이키고 있다. 중년의 사내 하나는 월선 앞에서 괜히 술 묻은 수염만 문지르며 또다시 다음 장날로 계산을 미루고 있다.

"가세!"

"허 어느새 날이 저물었네."

그들이 신발을 신고 나서려 할 때 월선이 묻는다.

"참판님댁 서방님은 좀 어떠시오?"

"노상 그러시지."

용이는 돌아보지 않고 나선다. 장배는 강구를 등지고 물살을 거슬러 올라간다. 어느새 둥근 달이 강물 위에 둥실 떠오른다.

이러한 장터의 모습은 서양이라고 다르지 않습니다. 19세기 말에서 훨씬 더 거슬러 올라가 16세기로 가봅시다. 16세기 프랑스의 작가 프랑수아 라블레(François Rabelais, 1483~1553)는 『팡타그뤼엘』과 『가르강튀아』라는 작품을 썼습니다. 이 작품에는 17세기 당시 프랑스의 곳곳에 들어선 장터에 관한 이야기가 나옵니다. 그리고 러시아의 사상가이자 문화이론가인 미하일 바흐친(Mikhail Bakhtin, 1895~1975)은 『프랑수아 라블레의 작품과 중세 및 르네상스의 민중문화』[5]라는 책에서 라블레의 책에 나오는 광장 축제의 모습을 상세히 분석합니다.

광장은 모든 비공식적인 것들의 중심이었고 공식적인 것의 질서와 공식적인 이데올로기의 세계에서는 마치 '치외법권'을 누리고 있는 것 같았다. 광장은 항상 '민중의 것'이었다. 물론, 광장의 이러한 측면들이 완전히 제 모습을 드러내는 때는 축제일이었다. 특별히 의의를 갖고 있었던 것은 축제일에 맞추어 열리는 정기시장(iarmarka)의 기간이었는데, 이 장은 통상적으로 상당히 오랫동안 열렸다. 예를 들어, 유명한 리옹(Lyon)의 정기시장은 1년에 4회 열렸고, 1회에 15일간 계속되었다. 이처럼 리옹은 1년 중 꼬박 두 달 동안 정기시장의 생활을, 따라서 상당한 정도의 카니발적인 생활을 영위하는 셈이었다. 정기시장에는 원래 카니발 고유의 의미가 없었다고 해도, 카니발적인 분위기가 항상 지배적이었다. (중략) 그 당시만 해도 이 퐁트네-르-콩트에서는 프랑스 전역에 걸쳐 잘 알려져 있는 정기시장이 열리고 있었다. 이 장은 1년에 세 번

이곳에서 열렸다. 이곳에는 수많은 상인들과 구매자들이 프랑스 전역에서뿐만 아니라 외국에서도 찾아오곤 했다. 기용 부셰의 증언에 따르면, 이곳에는 아주 많은 외국인들이, 특히 독일인들이 많았다고 한다. 이곳에는 소규모의 유랑 상인들, 집시들, 당시에 많았던 사회에서 낙오한 정체를 알 수 없는 다양한 사람들이 모여들고 있었다. 오늘날까지도 전해지는 16세기 말의 기록에 따르면, 이곳, 퐁트네-르-콩트가 바로 독특한 은어의 발생지였다고 한다. (중략) 이곳 프아투에서 라블레는 광장 생활의 또 하나의 아주 중요한 측면인 광장의 구경거리를 접할 수 있었다. 어쩌면 바로 이 곳에서, 그는 자신의 소설 속에서 묘사하고 있는 연극 가설 무대(les echauffauds) 위에서의 생활에 관한 독특한 지식을 얻을 수 있었을 것이다. 연극 가설 무대는 광장 위에 높다랗게 설치되었고, 그 앞에는 사람들이 운집해 있었다. 이들 군중 속에 섞여 라블레는 성사극, 우의극(寓意劇), 파르스 같은 어릿광대극을 구경할 수 있었다

박경리 소설에 나타난 장터와 라블레의 소설에 나타난 장터의 모습이 비슷해 보이지 않나요? 오늘날 우리가 찾는 대형 할인점에서는 이처럼 축제와 같은 분위기를 거의 느끼기 힘듭니다. 오로지 "소비하라!"는 명령만이 우리를 지배합니다. 구경거리도 상업화되고 기획된 구경거리가 대부분입니다. 라블레 시절의 정기시장에서는 별

의별 축제가 다 열렸고, 수많은 인간 군상들이 등장했습니다. 프랑스의 역사가인 페르낭 브로델(Fernad Braudel, 1902~1985)은 정기시장이 소음, 소란, 음악, 민중의 기쁨, 뒤집힌 세상, 무질서 그리고 때로는 대소동을 의미한다고 말했습니다. 장터에서 벌어지는 바보제, 당나귀 축제 등 각종 축제와 연극에서 사람들은 신분이 뒤바뀐 세상을 경험했습니다. 잠시였지만 그 뒤집힌 세상에서 사람들은 위계질서가 변한 순간을 즐겼습니다. 바흐친은 이런 점을 바탕으로 정기시장과 카니발을 연결한 것입니다. 소비와 교환, 이윤 창출만이 목표인 시장 이전의 장터, 장에는 여러 가지 종류와 기능이 있었습니다.

한편, 예전에는 시장이나 화폐, 교환 등이 사회의 중심 사항이 아니었다는 연구도 있습니다. 헝가리 출신의 경제학자인 칼 폴라니(Karl Polanyi, 1886~1964)는 미개 사회, 고대 사회의 시장을 연구한 경제사학자이자 경제인류학자입니다.

칼 폴라니가 연구한 경제를 일컬어 **재분배경제** 혹은 **호혜경제**(reciprocal economy)라고 합니다. 호혜는 '서로 특별한 혜택을 주고받는다'는 뜻입니다. 호혜경제, 재분배경제는 오늘날의 경제 형태인 상품경제, 시장경제, 교환경제와 대립하는 말이며, 교환 기능이 주가 되지 않고 호혜성이 주가 되던 시장을 뜻합니다. 호혜시장은 약 200년 전에 사라지고 오늘날과 같은 시장이 만들어졌다고 합니다.

폴라니는 호혜와 재분배가 나타나는 경제 유형을 남서태평양 서

멜라네시아 제도의 트로브리안드 군도에서 찾았습니다. 이 근처에 둥근 형태로 모여 있는 작은 섬들은 쿨라(Kula, 원) 교역이라는 독특한 교역을 합니다.

쿨라 교역이란 섬 사람들끼리 붉은 조개껍질 목걸이와 흰 조개껍질 팔찌를 의례적으로 교환하는 것입니다. 한 섬의 주민들이 이웃 섬에 방문해 붉은 조개껍질 목걸이를 주면 나중에 답례로 흰 조개껍질 목걸이를 받습니다. 선물과 답례 품목은 엄격히 정해져 있어서, 붉은 조개껍질 목걸이는 교역에 참여하는 섬들을 시계 방향으로 한 바퀴 돌며, 답례인 흰 조개껍질 목걸이는 시계 반대 방향으로 섬들을 한 바퀴 돌게 됩니다. 이 목걸이와 팔찌는 귀중한 재물이지만, 특정 섬이 영원히 소유하는 것이 아니라 1, 2년 이상 소지하지 않고 다음 섬에 넘겨줘야 합니다. 목걸이와 팔찌가 릴레이 경기의 바통 같은 역할을 하고 있다고 보면 됩니다. 이러한 선물 교환을 통해 쿨라 교역에 참여한 섬들 사이의 유대 관계가 강화됩니다.

또, 버그다마(Bergdama) 족 사회도 예로 들 수 있습니다. 이 부족은 남자들은 사냥을 하고, 여자들은 나무뿌리, 과실, 나물 등을 채집해 생활하는데 사냥감과 채집물의 대부분을 공동체의 이익을 위해 제공한다고 합니다.

콰큐틀(Kwakiutl) 족의 추장은 포틀래치(potlatch)라는 행사를 통해 모피의 풍부함을 과시하고, 그것을 다른 사람들에게 나누어줍니다.

추장으로서의 명예를 위해서입니다. 포틀래치란 캐나다와 미국이 접경하는 북서태평양 연안의 인디언들이 행하는 잔치의 일종입니다. 이 잔치에서는 추장이나 지도자 등 사회적 지위가 높은 사람이 많은 음식과 일용품 및 예물을 장만해 손님에게 대접하고 선물합니다. 부와 지위를 과시하기 위해 물건을 부숴버릴 때도 있습니다. 포틀래치는 베푸는 사람의 정치적 지위와 권력을 확대해주는 동시에 집단 내 재물을 재분배하고, 불평등을 억제시키는 기능을 합니다. 부족 사람들이 지도자를 추종하게 만드는 기능도 있습니다. 그러나 이런 호혜시장은 점차 사라집니다.

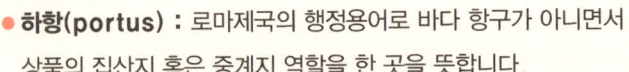

옛날의 시장

- **하항(portus)** : 로마제국의 행정용어로 바다 항구가 아니면서 상품의 집산지 혹은 중계지 역할을 한 곳을 뜻합니다.
- **특산물 시장(staple)** : 국왕이 특정한 도시에 시장을 지정하고 이들 시장에 한해 외국 수입품 등 지정 상품의 거래를 인정한 제도. 영국에서 14세기에 시행되었습니다.
- **장시(fair)** : 지금은 북 페어(book fair) 등 특정 분야 판매 행사를 가리키는 말로 자주 이용합니다. 중세의 기독교 행사와 결합하여 발달했던 정기시장.
- **중앙아프리카의 '말 없는 교역'** : 두 집단의 교역 당사자가 직접 만나서 흥정하지 않고 관례적인 교환 방식에 따라 거래하는 교역 행위. 중앙

아프리카 반투족의 경우 반투족이 미리 약속된 장소에 곡물, 철기류를 가져다 놓으면 밤중에 피그미족이 가져가며 고기, 가죽 및 과일 등을 남겨놓습니다. 피그미족이 남겨놓은 물건들은 반투족이 가져갑니다.

● **알라보체(alla voce) :** 18세기 나폴리에서 이루어졌던 교역. 당국이 가격을 정해놓고 이에 따라 상품을 직접 교환하는 방식이었습니다.

시장의 탄생

경제에는 다양한 형태가 존재합니다. 호혜경제, 재분배경제와 상품경제, 시장경제는 서로 대립하는 관계입니다. 이 '시장'은 어떻게 생겨났을까요? 어디에서 그 기원을 찾아야 할까요?

물물교환이 자연스럽게 시장으로 발달했다는 의견이 있는가 하면 국가가 질서를 세우기 위해 인위적으로 시장을 만들었다는 의견도 있습니다.

시장경제를 이야기하기 위해서는 먼저 자본주의가 무엇인지에 대해 명확히 알고 넘어가야 합니다. 우리는 '자본주의' 사회에 살고 있습니다. 하지만 자본주의가 무엇인지 묻는다면 대답하기 쉽지 않을 것입니다. 너무나 익숙해져 있어서 평소에 그것이 무엇인지 생각해 보지 않기 때문입니다. 세계 여러 나라들이 자본주의 경제체제 속에서 살고 있으며, 따라서 우리는 어디를 가든, 무엇을 보든 자본주의 체제를 벗어나기 힘듭니다. 그렇기에 자본주의가 뿌리 깊고 완벽한 경제체제처럼 여겨지기 쉬우나, 앞에서도 말했듯 자본주의의 역사는 인류의 역사 속에서 그리 길지 않습니다. 18세기 중반쯤 산업혁명을 통해 영국과 프랑스에서 확립되어 19세기에 이르러서야 독일과 미국 등지에 퍼져나갔으니까요.

자본주의라는 말을 한 마디로 정의하기는 어렵습니다. 자본주의는 시장경제나 자유주의 경제와 같은 뜻으로 쓰이기도 하고, 사회주의의 반대 개념으로 쓰이기도 합니다.

그러나 사전적 의미에서 자본주의란 '이윤 추구를 목적으로 하는 자본이 지배하는 경제체제', 또는 '생산 수단을 자본으로서 소유한 자본가가 이윤 획득을 위하여 생산 활동을 하도록 보장하는 사회 경제체제'입니다. 여기서 공통된 단어는 '이윤'이 되겠습니다. 자본주의에서 가장 중요하게 생각하는 것이 이윤이라는 것을 알 수 있습니다. 그리고 자본주의 체제 속에서 살아가는 사람들은 자연스럽게 최대의 이윤을 추구하며 살아갑니다.

마르셀 모스(Marcel Mauss, 1872~1950)라는 사람이 있습니다. 프랑스 에피날에서 태어난 인류학자인데, 원시 사회를 문화적으로 해석하는 연구를 오랫동안 진행해 1925년에 쓴 『증여론』[6]이란 책으로 유명해졌습니다.

모스는 폴라니가 호혜경제, 재분배경제라고 정의한 부분들을 구체적이고 근본적인 사례를 통해 검토하고 그 개념을 일반화하여 원시 경제 전체의 기본적인 범주로 발전시켰습니다. 그 결과물이 『증여론』입니다.

모스가 주목한 부분은 호혜경제 속 증여와 교환이 자발적이며 의무적이라는 것이었습니다. 모스는 멜라네시아, 폴리네시아, 북아메리카 지역에 나타나는 교역을 중심으로, 옛 로마인들이나 힌두교도들 사이에서 행해졌던 교환 관습도 설명했습니다. 그는 주고 받고 되돌려주는 일련의 행위를 의무로 여기고 수행하는 것이 사회를 유지시키고 하나로 결속하는 데 아주 중요한 역할을 한다고 보았습니다. 또한 이 과정은 이익을 축적시키지 않고 고루 순환하게 만드는 기능을 한다고 설명했습니다.

자본주의 경제 이전에 존재하던 경제 형태는 이익보다 순환을 중요시했습니다. 물물교환은 거래인 동시에 '순환'을 뜻했습니다. 교환의 의미가 단순히 화폐와 상품의 맞바꿈에서 끝나지 않았던 것입니다.

우리는 "돈은 돌고 돈다"는 말을 종종 씁니다. 그러나 그 말이 사실일까요?

안타깝게도 자본주의 경제 시스템 안에서 돈은 순환하지 않습니다. 경제학에는 '트리클 다운 경제(Trickle down economy)'라는 개념이 있습니다. 우리말로는 '**낙수효과**'라고 합니다.

대기업의 성장을 장려하면 중장기적으로 보았을 때 중소기업과 소비자에게 긍정적인 영향을 미쳐서 총체적으로 경기가 부흥한다는 경제 이론입니다. trickle down은 '흘러내리다'라는 뜻입니다. 경제학에서 이 용어는 높은 곳에 존재하는 대기업과 부유층의 부가 커지면 상대적으로 낮은 곳에 있는 중소기업이나 서민층으로 넘쳐흘러 적신다는 의미로 쓰입니다. 이것은 미국 전 대통령 부시와 레이건이 채택했던 경제 정책이기도 합니다. 수출을 많이 하면 일자리가 생긴다는 주장도 낙수효과 이론을 바탕으로 한 것입니다.

그러나 미국 하버드 대학교 케네디 스쿨에서는 상위계층에 대한 세금 감면 등을 통해 부자에게 유리한 정책을 구사해도 증가한 상위계층의 경제적 부가 하위계층으로 흐르는 효과가 크지 않다고 밝혔습니다. 지금까지 낙수효과 이론은 부유층의 세금을 깎아주기 위한 논리로 사용되어 왔습니다. 그러나 현대 자본주의 경제 하에서는 돈이 물처럼 돌고 돌며 순환하는 것이 아니라 특정 기업, 특정 계층, 특정 재벌들의 손 안에 들어가 다시 나오지 않습니다. 그리고 호혜성의 원에 들어가는 사람은 채권자 - 채무자의 관계로 굳어져버렸습니다. 교환에 임하는 사람들의 관계는 수평적인 관계가 아니라 수직적인 관계로 변했습니다.

오늘날에는 증여도 이익을 위해 이루어집니다. 상속이나 증여 받은 재산을 최대한 다른 사람과 나누려 하던 때와 달리, 지금은 증여 받은 재산에 대한 세금마저도 내지 않기 위해 갖은 수단을 동원합니다. 부자들은 소유한 재산을 '증여'라는 이름으로 가족에게 나누어 주지만 이는 진정한 증여라기보다는 대부분 세금을 절약하기 위한 편법일 때가 많습니다. 한때는 이타의 상징이었던 증여가 부를 지키기 위한 수단 중 하나가 되었습니다.

시장경제가 정착한 후 사람들은 호혜성, 재분배, 증여, 선물, 순환, 이타성 같은 것들을 상당 부분 잃어버렸습니다. 선물을 받으면 더 좋은 것으로 되돌려줘야 하는 포틀래치와 같은 교환 방식은 이제는 꿈 같은 이야기입니다. 결혼식이나 장례식에서 내는 축의금, 조의금도 나중에 되돌려 받기 위한 성질을 띠게 되었습니다. 그리고 사람들은 보다 적은 돈을 내고 보다 많은 돈을 되돌려 받으려고 합니다.

자본주의 체제에서 사람들이 손해 보는 것을 싫어하게 되는 것은 어찌 보면 당연한 일입니다. 어떤 사람들은 "손해 보고 싶은 사람은 없다"는 말로 이러한 편법이나 탈세를 정당화하고는 합니다. 하지만 이것이 '개인' 차원이 아니라 '조직', 혹은 '사회'의 경향이 되어 버리면 여러 가지 문제가 발생합니다. 예를 들어 은행이 폭리에 가깝게 대출 금리를 올려 받는다면 어떨까요? 정부가 국민들을 위해 조금도 손해 보려 하지 않고 이익을 챙기려 든다면 어떻게 될까요?

여러분은 어떤가요? 친구에게 뭔가를 사줄 때 더 큰 답례를 바란 적은 없나요? 여럿이 돈을 모아야 할 때 남들보다 적은 돈을 내고 싶다고 생각한 적은 없나요?

시장경제 속의 사람들은 조금이라도 더 이익을 얻기를 원하고, 남들보다 더 많은 돈을 벌기를 바랍니다. 선물 주고받기조차도 가끔은 타산적인 의식이 되고 맙니다. 현재와 같은 시장경제는 산업이 발달하고 자본주의가 시작되며 함께 시작되었다고 보는 것이 가장 타당할 것입니다. 이윤을 추구하기 위한 자유경쟁을 보장하는 경제 형태가 시장경제이기 때문입니다.

중농주의와 중상주의, 그리고 시장경제의 시작

16세기부터 시장의 수가 늘어나기 시작합니다. 이에 따라 각 나라는 상공업을 중시하고 국가의 보호 아래 국산품의 수출을 장려해 국부의 증대를 꾀합니다. 이것이 16세기 말부터 18세기에 걸쳐서 유럽 여러 나라에 널리 퍼졌던 경제 사상인 중상주의입니다. 중상주의란 '상업을 중시한다'는 뜻으로 무역, 특히 수출을 추진해 나라를 부강하게 하려는 사상입니다. 산업혁명이 일어나기 전 자본주의의 초기에 유럽을 중심으로 나타난 경제 사조입니다.

그러나 현대 경제에서의 '자유무역' 체제와는 정반대로, 국가의 통제 아래 수입은 규제하고 수출은 장려해 자국만을 부강하게 만들고자 하는 국가주의적 색채를 띠고 있습니다. 무역 역시 공정한 과정을 통해 이루어지기보다는 식민지를 정복하고 그곳의 원자재를 수탈해,

싸게 상품을 만들어 다른 나라에 수출하는 방식으로 이루어졌습니다. 그렇기 때문에 중상주의 체제 하에서 무역이란 양 국가 서로의 이익을 도모하는 것이 아니며, 한 쪽이 이익을 보면 한 쪽이 손해를 보는 거래로 인식되었습니다. 중상주의자들이 부의 원천으로 본 것은 '금과 은'이었는데, 금과 은을 확보하기 위해 수입에 있어 관세를 높이고 금광과 은광이 있는 식민지 지배에도 적극적으로 나섰습니다.

중상주의가 나타난 데는 국가 내부의 원인도 있었습니다. 본래 유럽에서는 봉건 영주가 땅을 소유하고, 이 땅을 농민들이 빌려 농사를 지은 다음 수확의 일부를 영주에게 갖다 바치는 방식으로 살아가고 있었습니다.

그런데 16세기에 들어서면서 영국을 필두로 양모를 수출해 돈을

벌려는 귀족들이 늘어납니다. 보다 많은 양을 키우기 위해 귀족들은 농민들이 농사를 짓던 땅에 울타리를 세운 다음 그 땅을 모두 목장으로 바꿔버립니다. 이것을 '인클로저 운동'이라고 합니다. 인클로저 운동 때문에 수백만 명의 농민들이 조상 대대로 살아오던 고향에서 쫓겨났고, 생계를 위해 일자리를 얻고자 도시로 이주하게 되었습니다. 도시로 이주한 사람들은 빈민이나 노동자가 되어 공장에서 일하게 되었고, 자연스럽게 상공업이 발달했습니다.

이러한 중상주의 경제는 뒷날 국가의 시장 개입을 반대하는 자유주의 경제 이론이 대세가 되면서 사라지게 되었습니다.

중상주의 체제에서 상공업과 무역 중심으로만 사회가 돌아가자 사회 하위층이나 임금노동자에게 돌아오는 몫은 매우 적어 끼니를 잇기 힘들 정도가 되었습니다. 국가는 식량난을 막기 위해 농산물 가격을 내렸는데, 그렇게 되자 당시 인구의 대부분을 차지하던 농업 종사자들은 큰 어려움을 겪었습니다.

18세기, 중상주의를 비판하며 중농주의가 등장합니다. 중농주의는 '농업을 중시한다'는 뜻으로 농업이 경제활동의 중심이고 농업 노동만이 생산적인 것이며, 토지가 생산의 근원이라고 생각하는 사상입니다. 중농주의자들은 인간 사회에서도 자연 질서가 완벽하게 기능하기 때문에 경제를 방임해 두고 개인의 자유를 중시하면 결과적으로 자연히 경제가 발전한다고 생각했습니다. 이러한 자유방임사상은 당시 봉건제도를 타파하고자 했던 자본가 계급의 이해와 일치해 이후 자본주의의 기본 이념으로 자리를 잡게 됩니다.

중농주의자들은 농업이 국가 부의 원천이라 생각했기 때문에 농산물, 즉 식량의 가격을 낮추는 일에 반대했으며, 오히려 농산물의 가격은 올리고 공업 생산물의 가격을 낮추어야 한다고 주장했습니다. 때문에 가난한 사람들은 여전히 먹고 살기가 힘들었습니다. 중상주의자들은 결국 '끼니를 잇기 힘들어 굶어 죽는' 사람들이 발생하는 것을 어느 정도 감수해야 한다는 입장을 보였는데, 이러한 허점들로 인해 중농주의도 결국 역사의 뒤로 사라졌지만, 중농주의의 '자유방임' 사상은 이후 근대 경제학에 크게 영향을 끼쳤습니다.

중상주의 아래에서 시장은 정부의 주요 관심사였습니다. 폴라니에 따르면 중상주의 이전에는 시장이 인간 사회를 지배하려는 징후가 보이지 않았습니다. 땅, 사람, 가축 등이 화폐와 교환되는 거래 대상이 아니라 공유 대상이었기 때문입니다. 그러나 중상주의 체제에서 사람의 노동력은 임금과 맞바뀌는 교환 대상이 되었고, 1850년 이후 산업혁명이 많은 나라에 퍼져나가며 시장의 힘은 더욱 강해졌습니다. 그리고 그 전과 비교해 완전히 새로운 형태의 경제, 즉 시장경제가 나타납니다. 폴라니는 이것을 두고 '거대한 전환'이라고 말했습니다. 예전에는 일개 기능에 지나지 않던 경제와 시장이 사회 전체를 뒤덮었다는 것입니다.

화폐의 변천

노동은 시장 안에서만 이루어집니다. 시장은 노동이 화폐와 교환되는 장소입니다. 상품경제, 시장경제는 화폐경제라고도 합니다. 시장경제에서는 물건이 아닌 화폐, 즉 돈이 교환수단으로 쓰이기 때문입니다. 그러나 호혜경제에서 화폐는 교환수단이 아닌 지불수단으로만 쓰였습니다.

화폐를 교환수단인지 지불수단인지 구분하는 기준은 '축적'의 여부입니다. 교환수단으로 쓰일 때의 화폐는 축적이 가능합니다. 물건과 화폐를 서로 교환하는 데서 그치지 않고, 투자를 하고 이윤을 남겨 '자본'을 만들 수 있다는 뜻입니다.

지불수단으로 쓰일 때의 화폐는 축적이 불가능합니다. 화폐는 어떤 물건이나 서비스에 대한 답례, 증여, 의식으로서의 의미를 가질 뿐, 그 화폐를 모으고 투자해 더 가치 있는 서비스나 물건을 구매하거나 부를 축적할 수는 없습니다.

호혜경제 체제에서도 화폐는 있었습니다. 원시 사회에서 사람들은 주로 자급자족으로 생계를 해결했지만, 점차 생산력이 늘어나며 남은 물건을 서로 교환하게 되었습니다. 바로 물물교환입니다. 처음에는 물건과 물건을 바꾸기만 했지만, 서로 원하는 물건의 종류가 맞지 않는 경우가 발생하고, 교환할 물건의 양이 늘어나자 운반도 불편해졌습니다. 그런 과정에 물건과 물건의 교환을 대체하는 매개

체인 화폐가 생겨났다고 보고 있습니다. 이 때는 특정한 물건을 화폐로 사용했기 때문에 '물품화폐'라 합니다.

물품화폐로는 조개껍질, 나무로 만든 목화, 돌로 만든 석화 등이 다양하게 사용되었습니다. 이것은 각종 서비스에 대한 지불수단이나 각종 의식에서 증여되는 귀중품으로 쓰였습니다.

물물교환 경제가 모습을 감추고 시장이 형성되면서 가지고 다니기 편리하고 많은 양을 한꺼번에 주고받을 수 있으며 보관하기 편리한 화폐가 필요해졌습니다. 물품화폐가 사라지고 금속화폐가 등장한 배경입니다. 금속화폐는 주로 금, 은으로 만들어졌는데, 화폐를 만드는 원료가 귀중했기 때문에 화폐 자체에 상품으로서의 가치가 있었습니다. 종이화폐가 1만 원인가 1천 원인가에 따라 가치가 달라지는 것과 달리, 금속 화폐는 화폐의 재료가 금인가 은인가에 따라 가치가 나뉘었던 것입니다. 금속화폐는 종이화폐와 물품화폐의 성질을 모두 가지고 있는 화폐입니다. 화폐 자체에 실질적인 가치가

화폐의 변천 과정

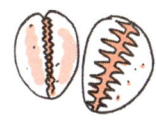    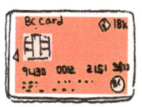

물품화폐 ···▶ 금속화폐 ···▶ 주조화폐 ···▶ 종이화폐 ···▶ 전자화폐

있어 환경의 변화에 따른 영향을 받지 않았으며, 서로 간에 신뢰를 가지고 거래를 하기 용이했습니다.

그러나 산업혁명 등을 통해 생산량이 비약적으로 늘어나고 그에 따라 경제 규모가 그 전과 비교할 수 없이 커지자 금속화폐만으로는 시장 규모를 감당할 수 없었습니다. 화폐를 만들 금과 은을 무한정 확보할 수 없었기 때문입니다. 그래서 귀금속이 아닌 구리와 주석 등 값싼 금속으로 만든 주조화폐, 즉 동전이 나타났고, 이어서 종이 화폐인 지폐가 등장했습니다.

동전과 지폐는 명목화폐라고 합니다. 동전의 재료는 모두 구리와 주석이고, 지폐의 재료는 실질적으로 종이일 뿐이지만 국가와 사회가 그 종이에 돈으로서의 명목적인 가치를 부여했기 때문입니다. 오늘날에는 신용카드 등 컴퓨터 기술을 이용한 전자화폐까지 등장했습니다.

다시 등장한 호혜성 화폐

다시 호혜성 화폐를 사용하려는 운동이 캐나다, 영국, 오스트레일리아, 뉴질랜드 등에서 일어나고 있습니다. 이것을 레츠(LETS, Local Exchange & Trading System) 운동, 또는 지역통화 운동이라고 합니다. 다시 목화나 석화를 이용하자고 주장하는 것이 아니라, 지역마다 그 지역 안에서 통용되는 통화를 만들어 사용하자는 운동입니다. 한국에도 1996년에 이 운동이 소개되었으며, 대전 등 여러 지역에서 이 운동이 벌어지고 있습니다. 충청북도 보은에서는 보은화폐라는 지역화폐를 사용한다고 합니다.

레츠 운동의 취지는 현대사회에서도 원시사회에서처럼 화폐의 호혜적인 기능을 되살려보자는 것입니다. 경제적 성과와 생산량 증가를 위해 끝없는 경쟁을 유도하며, 지나치게 많은 물건들이 생산되고 버려지는 시장경제 상황에 대한 반발에서 시작된 운동입니다. 전통적인 품앗이와 비슷한 형태이며, 한 지역 안의 사람들이 물건이나 서비스 등을 제공하고 그에 대한 대가로 지역화폐를 받습니다. 레츠 운동에 참가한 지역 구성원들은 지역화폐를 일반 화폐와 똑같이 물건을 사고파는 데 쓸 수 있습니다.

시장 체제 안에서는 더 이상 일을 하기가 힘들어진 노인, 상품을 만들고는 싶지만 대량 생산을 할 자본이 없는 사람, 쓰던 물건을 버리기 아까워 누군가에게 증여하고 싶은 사람 등 지역경제 구성원들 개개인이 서로의 힘을 교환하자는 취지에서 시작된 운동입니다.

좀 더 자세히 알고 싶다면 레츠 운동에 대한 책을 읽어 보는 것도 좋겠습니다.[7] 또 한밭 레츠(http://tjlets.or.kr)에서는 우리나라 지역에서 추진하고 있는 레츠 운동을 살펴볼 수 있습니다.

태환화폐와 불환화폐

태환(兌換)화폐의 '태(兌)'와 '환(換)'은 '바꾼다'는 뜻을 가지고 있습니다. 태환화폐와 불환화폐에 대해 알려면 먼저 '본위화폐'가 무엇인지 알아야 합니다. 본위화폐란 가격과 가치를 측정하는 기준이 되며 나라의 화폐 제도의 기초가 되는 화폐입니다. 본위화폐라고 하면 주로 금과 은을 말합니다.

우리는 물건을 살 때 한국은행(우리나라 중앙은행)에서 발행한 지폐를 사용합니다. 우리가 쓰는 지폐는 실질적인 가치가 있는 걸까요? 그렇지 않습니다. 앞에서도 말했듯 우리가 쓰는 지폐는 실질적인 가치를 가지고 있는 화폐가 아니라 국가와 사회가 부여한 명목적인 가치가 있는 명목화폐랍니다. 그러니 우리가 돈을 한국은행에 들고 가서 "이 돈을 금으로 바꿔주세요"라고 해도 은행에서는 금과 돈을 바꿔주지 않습니다. 이처럼 본위화폐와 동등한 가치를 인정받지 못하는 화폐를 '불환화폐'라고 합니다. 세계 각국의 거의 모든 통화가 불환화폐입니다.

불환화폐의 반대 개념은 '태환화폐'입니다. 금이나 은 같은 본위화폐에 따라 가치를 설정해 놓은 화폐로서, 태환화폐는 언제나 중앙은행에서 본위화폐로 교환을 받을 수 있습니다.

불환화폐와 태환화폐의 가장 큰 차이는 신뢰도와 안정성입니다. 불환화폐는 전쟁 같은 비상시국이 닥치면 종이 조각으로 전락합니다. 가치를 담보 받지 못하기 때문입니다. 반면 태환화폐는 언제든지 금이나 은 등으로 교환받을 수 있으므로 비상시국에도 가치를 그대로 유지합니다. 그런데 왜 사람들은 태환화폐가 아니라 불환화폐를 주로 이용하는 것일까요? 태환화폐에는 치명적인 약점이 있습니다. 태환화폐는 그 대상인 본위화폐가 있어야만 돈을 찍어낼 수 있기 때문에 통화량을 늘리기가 매우 어렵습니다. 예를 들어, 한국은행이 시중에 돈을 풀어서 경기를 부양하고 싶으면 풀고 싶은 돈만큼의 금을 확보해야 하는 것입니다. 따라서 태환화폐는 경기 변동에 민첩하게 대처하기 어렵습니다. 그래서 대부분의 현대 국가는 불환화폐를 씁니다.

새로운 경제의 등장 – 공유경제, 사회적 경제

최근에는 공유경제(Sharing Economy)라는 말도 등장했습니다. 공유경제란 나눠 쓰고 같이 쓰는 경제라는 의미로, 한번 생산된 제품을 여럿이 공유해 쓰는 협동 소비를 기본으로 한 경제 방식입니다. 학교에 갈 때 차 한 대를 여럿이 타고 간다든지, 교복을 싼 값으로 공동구매하거나 물려 입는 일 등이 공유경제의 일환입니다.

세계적인 불황을 겪으며 소비 중심 경제, 경쟁 중심 경제 체제에 회의를 느끼고 진짜 삶의 질을 높일 수 있는 가치와 효용이 무엇인지 고민하는 사람이 늘어났습니다. 그리고 소유와 소비보다 공유와 나눔에 초점을 맞추는 움직임이 생겨났습니다.

특히 인터넷과 통신수단의 발달로 개인의 정보를 활발히 공유할 수 있게 되면서 사람들은 각자 살고 있는 지역이나 성별, 자산 규모 등과 관계없이 원하는 것을 공유하거나 교환할 수 있게 되었습니다.

자원 고갈에 대한 위협도 공유경제 형성에 영향을 주었습니다. 넘칠 만큼 많이 생산하고 되도록 많이 소비하는 소모적인 경제 체제가 계속되다가는 지금과 같은 세계를 유지할 수 없다는 경각심을 많은 사람들이 느꼈기 때문입니다.

작은 규모에서는 서로 책을 돌려 읽는 모임, 옷을 바꿔 입는 단체 등이 공유경제를 실행한다고 볼 수 있습니다. 크게는 공유경제를 적용한 사업들도 속속들이 등장하고 있습니다. 자동차를 빌려주는 업체, 여행자에게 숙박할 장소를 빌려주는 홈스테이 공급자와 수요자들을 중개하는 업체, 사무실이나 방을 함께 쓸 사람을 구해주는 업체, 사람들의 책을 대신 보관해주는 대신 맡은 책을 다른 회원들에게 대여해주는 업체 등, 공유경제를 활발하게 만드는 사업체들은 점차 다양해지고 있습니다.

사회적 경제(Social Economy) 역시 자본주의에 대립해 만들어진

경제 체제입니다. 비교적 최근에 만들어진 이 개념에 대해 OECD 는 '국가와 시장 사이에 존재하는 사회적 요소와 경제적 요소를 함께 가진 조직들'이라고 정의했습니다.

사회적 경제는 자본주의 경제와 마찬가지로 이윤을 추구하지만 무작정 이윤만을 목표로 하지 않는다는 데서 자본주의와 차이가 납니다. 사회적 경제의 특징은 다음과 같습니다.

- 궁극적 목적이 이윤 추구가 아닌 구성원이나 지역사회에 대한 봉사일 것
- 운영·경영의 자율성
- 구성원에 의한 민주적 통제
- 잉여 분배에 있어 사람과 사회적 목적이 자본에 우선함

사회적 경제와 더불어 '사회적 기업'이라는 말도 주목 받고 있는데 사회적 기업은 비영리조직과 영리기업의 중간 형태로, 사회적 목적을 추구하면서 생산, 판매, 서비스 등 영업활동을 하는 기업을 말합니다. 협동조합, 재단, 지역공동체 등 비영리단체들이 사회적 목적을 가지고 경제활동을 하는 형태가 대부분입니다. 공제조합, 재활용 가게, 공정무역 단체들 역시 사회적 기업에 들어갑니다.

유럽, 미국 등 선진국에서는 1970년대부터 사회적 기업이 활동하

기 시작했으며, 영국에는 5만 5,000여 개의 사회적 기업이 다양한 분야에서 활동해 전체 고용의 5%를 차지하고 GDP의 1%를 차지하고 있습니다. 우리나라에서는 2007년부터 사회적 기업 육성법 등이 시행되어 정부에서 인증한 사회적 기업만도 600곳을 넘어섰습니다.

재활용품을 수거해서 팔거나 장애인의 물품 생산·판매를 주관하는 하는 업체, 컴퓨터 재활용 업체, 지역에서 생산된 재료와 친환경 농산물만을 이용해 운영되는 식당 등 사회적 기업은 여러 종류와 형태가 있습니다.

공동체 붕괴를 막고 자칫 폭주할 수 있는 자본주의의 흐름을 견제한다는 의미에서 이런 경제 형태들은 새로운 대안으로 주목받고 있습니다.

자본주의가 근본적 위기를 맞고 있다는 데에는 전 세계가 공감하고 있습니다. 하지만 사회적 경제가 자본주의 경제의 대안이 될 수 있을지는 논쟁거리입니다.

그러나 경제에 대한 다른 접근법이라는 의미에서 사회적 경제는 주목할 가치가 있습니다. 시장경제 안에서 움직이지만 경쟁과 이윤 극대화를 유일한 가치로 삼는 기존 자본주의 경제 패러다임과 대척점에 있는 가치를 지향하는 것이 사회적 경제이기 때문입니다. 사회적 경제는 공익 확대를 지향하지만 국가가 그 역할을 독점하기보다는 자발적으로 형성된 공동체와 함께 해야 한다고 믿습니다. 사회적 경제를 움직이는 힘은 자본주의의 동력인 탐욕이 아니라 이타심, 상호성, 협동, 사회적 목적, 명예와 헌신 같은 동기입니다.

협동조합이란?

협동조합이란 조합원들의 협동을 통해 재화와 용역을 구매·생산·판매·제공해, 조합원의 권익을 향상시키고 지역 사회에 공헌하는 사업조직을 가리킵니다.

협동조합에는 도시농업협동조합, 소비자협동조합, 생산자협동조합, 노동자협동조합, 대리운전협동조합, 재활용사업협동조합, 사회적 서비스나 고령자 돌봄 서비스를 하는 사회적 협동조합, 지역 사람들이 모여 지역을 개발하는 지역개발협동조합 등 다양한 종류가 있습니다.

사회적 경제가 지역사회에 대한 봉사를 목적으로 하듯이 협동조합도 지역사회에 공헌하는 것이 기본 목적입니다. 협동조합은 다섯 명 이상 모이면 자유롭게 설립할 수 있으며, 정부 지원금으로 이루어지는 사회적 기업과는 달리 조합원의 출자금으로 만들어집니다. 그 출자금에는 제한 규정이 없습니다. 그리고 돈을 얼마 출자했든 관계없이 한 사람당 한 표의 의결권을 갖습니다.

최근, 경제 체제에서 비롯한 문제를 해결하기 위한 대안적 경제 모델을 거론하는 움직임이 활발하고 자본주의 위기론과 함께 여러 해결책이 시도되고 있습니다. 박애자본주의, 창조적 자본주의 같은 개념도 나왔습니다. 협동조합은 시장을 중심으로 이윤만 추구하는 자본주의의 대안을 만드는 중요한 실험으로 평가받고 있습니다. 영국에서 전통적으로 존재했으며 현재도 주류가 되어가고 있는 협동조합은 금융위기 이후 안정적

모습을 보이며 각광을 받았고, 우리나라에서도 인기를 얻고 있습니다.

협동조합이 대두되기 오래 전부터 우리나라에는 사회적 경제의 한 종류인 마을공동체 운동이 존재하고 있었습니다. 서울 마포구에 있는 '성미산 마을'이 그 대표적인 경우인데, 처음에는 공동 육아를 위해 모인 공동체였습니다. 그러나 육아를 위해 대안학교, 공동 극장을 만들고 난 다음에는 생활협동조합까지 만들어 생산·소비·문화활동을 함께하는 공동체가 되었습니다. 이 기반 위에서 마을 기업이나 협동조합이 만들어지면, 이것이 바로 사회적 경제가 되는 것입니다.

서울 상도동에 있는 '성대골'이라는 마을은 주민 200여 가구가 후원해 어린이 도서관을 함께 만들어 운영하면서 형성된 마을공동체입니다. 이 공동체는 대안학교를 만들고 원전 줄이기를 위한 에너지 절약 운동을 함께 펼치고 있습니다. 마을공동체 운동은 지금 농촌·도시 할 것 없이 공동체가 모두 붕괴된 한국 사회에 새로운 대안으로 떠오르고 있습니다.

04

지금 우리나라의
경제 상황은?

"살림살이 나아지셨습니까?"

한때 유행하던 말입니다. 이 말이 많은 사람들의 공감을 사 유행했었다는 것은 그만큼 '살림살이'가 어려운 사람들이 많았다는 반증이기도 하겠습니다.

"살림이 어렵다"는 말은 "집안 경제가 어렵다"는 말이고 "살림이 나아졌다"는 말은 "집안 경제가 나아졌다"는 말입니다. 그렇다면 우리 집안 경제는 무엇의 영향을 받아 어려워지고 또 나아질까요?

버는 돈의 액수만 늘어나면, 아끼고 절약해서 지출만 줄이면 살림이 나아질까요?

반대로 버는 돈의 액수가 줄어들면, 사고 싶은 것을 마음껏 사서 지출이 늘어나면 무조건 살림이 어려워질까요?

집안 경제에 영향을 미치는 요인은 일일이 파악할 수 없을 정도로 많습니다. 정부에서 주도하는 경제 정책, 물가, 기업들의 경영 방침 등 다양한 경제적 요소들이 각 집안 살림에 영향을 끼치고 있습니다. 바로 이 순간에도 말입니다.

'왜 열심히 일하는데도 항상 가난할까?'
'취업난이라고 하는데 나는 앞으로 어떻게 살아야 할까?'
'비정규직이라는 사람들은 왜 만날 시위를 하고 있을까?'

여러분은 앞으로 자신의 미래에 대해, 그리고 사회적 현상에 대해 이처럼 궁금증을 품는 때가 점점 많아질 것입니다. 모든 것이 돈으로 돌아가는 자본주의 사회에서 대부분의 사회 현상은 경제적 문제와 떼어 놓고 생각할 수 없습니다. 살아가면서 우리는 전혀 경제와 관련 없어 보이는 의외의 분야에서도 경제와의 관련성을 발견하게 될 것입니다. 입고 먹고 자는 인간의 기본적인 생존 문제조차도 지금은 모두 자본주의 경제에 깊이 연관되어 있습니다.

그렇다면 지금 우리나라 경제는 어떤 상황에 놓여 있을까요? 내가 사는 사회의 경제 상황을 파악해야만 그 상황에 영향을 받는 나의 삶을 제대로 알 수 있습니다. 경제를 모르고 바라보는 세상은 절반을 가리고 감상하는 그림과 같답니다.

우리는 돈을 얼마나 벌고 있을까? - GDP와 GNP

집안 경제는 소득과 지출로 나누어집니다. 소득이 지출보다 많으면 살림살이가 나은 집이라 할 수 있을 것이고, 반대라면 살림살이가 나쁘거나 힘든 집이라 할 수 있겠습니다.

우리나라의 가구 수가 2,000만 가구에 달합니다. 집집마다 살림살이의 형편도 다릅니다. 10억 원이 넘는 고급 아파트에 사는 사람들이 있는가 하면 전세는 커녕 월세를 낼 돈도 없어 비닐하우스에서 사는 사람들도 있습니다. 그러니 우리나라의 경제 규모를 계산하기 위해서는 이 다양한 사람들의 경제 상황을 수치화해야 합니다.

GDP(Gross Domestic Product)라는 경제용어가 있습니다. 이것은 한 나라 안에서 생산된 모든 재화와 용역의 가치를 합한 수치입니다. 그 나라에 거주하는 외국인의 생산 활동도 포함됩니다. 예전에는 그 나라 국민들만의 생산 수치를 뜻하는 GNP(Gross National Production)을 사용했지만 지금은 GDP를 사용합니다.

GDP에는 수출한 액수, 수입한 액수, 정부가 쓴 돈, 가계가 지출한 돈 등이 모두 들어갑니다. 단, 최종 소비된 항목만 GDP 항목에 포함시킵니다. 자동차나 배를 만들 때 쓰인 철강이나 목재는 GDP 항목에 들어가지 않습니다. 하지만 원료로서 철광석을 판매하거나 수출했다면 GDP에 들어갑니다.

GDP를 구하는 공식은 다음과 같습니다.

GDP = 소비자 지출 + 정부 지출 + 수출 − 수입

국민총소득을 가리키는 GNI(Gross National Income)는 한 나라 국민의 소득을 모두 합친 것입니다. 자국과 외국에서 발생한 소득을 둘 다 포함합니다. GDP에서 외국인이 벌어들인 임금, 이윤, 배당 소득 등을 빼고, 우리나라 사람이 외국에서 벌어들인 임금, 이윤, 배당 소득 등을 더한 것이 국민총소득입니다.

우리나라 사람이 인도네시아에서 신발을 만들어 팔아 얻은 이익은 국민총소득에 들어갑니다. 하지만 외국 사람이 우리나라에서 옷을 만들어 팔아 얻은 이익은 국민총소득에 들어가지 않습니다. 국민총소득은 GDP 규모가 커지면 함께 커지고 환율에도 영향을 받습니다.

GNP와 GDP의 차이
외국인이 우리나라에서 벌어들인 소득은 GDP에는 포함되나 GNP

에는 포함되지 않습니다. 또 우리나라 사람이 외국에서 벌어들인 소득은 GNP에는 포함되나 GDP에는 포함되지 않습니다. GDP는 한 나라의 땅에서 생산된 가치를 모두 합산하는 '국경'을 중심으로 한 개념이고, GNP는 한 나라의 국민이 생산된 가치를 모두 합산하는 '국적'을 중심으로 한 개념입니다.

GDP는 또 명목 GDP와 실질 GDP로 나뉩니다. 명목 GDP는 물가상승분을 반영하고, 실질 GDP는 물가상승분을 반영하지 않는다는 차이가 있습니다.

예를 들어 가격이 100원인 과자를 100개 생산한 국가가 있다고 가정합시다. 이 때 실질 GDP와 명목 GDP는 100X100=10,000원이 됩니다. 그 다음해에도 과자를 100개 생산했는데, 물가가 상승하여 가격이 200원이 되었다고 가정합시다. 이 때 명목 GDP는 물가상승분을 고스란히 반영하므로 200X100=20,000원이 되지만, 실질 GDP는 물가상승분은 무시하고 여전히 기준연도의 가격인 100으로 생산을 측정하므로 실질 GDP는 여전히 100X100=10,000원이 됩니다.

집 안에서 나가는 돈을 가계 지출이라고 합니다. 우리나라 1인당 국민총소득은 약 180만 원입니다. 그러나 2010년 기준, 한 가정당 지출한 돈은 아래 표에서 보듯이 300만 원이 넘습니다. 소득이 1인당 GDP보다 적은 가정은 이 지출비를 감당할 수 없을 겁니다. 그리고 표를 보면 가계의 씀씀이가 매년 늘어나고 있음을 알 수 있지요. 물가가 매년 3% 정도 오르니 가계 지출이 늘어날 수밖에 없습니다.

표를 보세요. 가계 지출 항목은 참 다양하기도 합니다. 식비, 주

가구 월평균 가계지출 추이

2인이상 가구 기준 / 단위 : 천 원

가구 월평균 소비지출 구성비 (2011년 1/4분기)

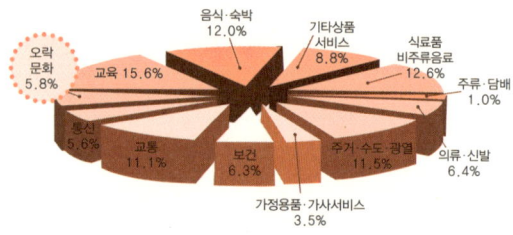

자료 : 통계청, 가계동향조사 (2011)

거비, 의복비, 의료비 등등. 그림에 나타나지 않은 항목도 있습니다. 집을 구하기 위해 은행에서 빌린 돈에 대한 이자나 각종 세금 등의 항목도 빠져 있습니다.

가정이 은행에서 빌린 돈을 가계 대출이라 하는데, 현재 가계 대출이 900조 원가량 됩니다. 우리나라의 GDP는 1조 달러, 즉 1,000조 원 정도 됩니다. 나라를 집에 비유한다면 GDP는 한 집안의 소득에 해당합니다. 그런데 소득 중 빚이 90%인 것입니다.

정부는 수출이 늘어야 GDP가 커진다고 말합니다. 수출이 많아질수록 GDP가 올라가는 것은 사실입니다. 하지만 GDP가 성장하는 데 수출보다 더 중요한 것이 있습니다. 바로 소비자 지출, 즉 가계 지출입니다.

요즘 "내수가 죽었다"는 표현을 자주 씁니다. 내수(內需)란 국내 수요를 뜻합니다. 내수가 죽었다는 말은 가계가 돈을 쓰지 않는다는 것입니다. 살림살이가 어려워지니 소비를 줄입니다. 생산하는 물건이 많아도 물건을 사려는 수요가 없으면 내수가 줄어듭니다.

내수가 줄었는데 GDP를 올리려면 어떻게 해야 할까요? 정부가 국민들의 소비를 유도해야 합니다. 이를 경기부양이라고 합니다. 대표적인 경기부양책으로 금리를 내리는 방법이 있습니다. 은행 이자가 내려가면 사람들은 저축을 하는 대신 주식, 토지, 부동산 등 가치 있는 물건을 사들이려 합니다. 대출 금리가 내려가면 돈을 빌리기가 쉬워지기 때문에 새로운 사업을 시작하는 사람들이 늘어나고, 그렇게 되면 고용도 늘어나게 됩니다. 정부에서 지원하는 보조금 정책 역시 경기부양책의 하나입니다. 자동차시장을 부양하고 싶다면 자동차를 사는 사람에게 일정 비율의 자동차 값을 보조할 수 있으며, 도서시장을 부양하고 싶다면 책을 사는 사람에게 책값을 보조할 수 있습니다. 그러나 정부가 경기를 부양하기 위해 노력해도 한 번 침체된 내수가 살아나기는 쉽지 않습니다. 이런 상황을 불황

(depression)이라고 합니다.

경제의 성장만을 나타내는 지표인 GDP이나 GNI에 대비해 요즘에는 GPI(Global Peace Index)라는 지표도 등장했습니다. 이는 사회에 공헌하는 활동과 환경오염, 시장 외의 경제활동인 가사 노동, 육아, 자원봉사활동 등을 모두 포함해서 측정하는 지표입니다.

GDP는 범죄 발생으로 인한 생산, 즉 감옥을 지어서 얻는 이득 등을 모두 경제적 이익으로 계산하지만, GPI에서는 삶의 질을 떨어뜨린다는 이유에서 손실로 계산합니다. 패스트푸드를 구매하는 비용 등도 비만을 유발한다는 이유 때문에 손실로 계산합니다. 가난한 사람의 소득이 올라가면 플러스로, 부자가 소득의 올라가면 마이너스로 표기하며, 돈으로 환산하기 어려운 가사 노동, 육아 등의 요소까지 지표에 넣었습니다. 인간의 삶을 수치화한 GDP, GNI에 비해 GPI는 보다 삶의 질을 측정하는 데 초점을 맞추고 있습니다.

우리나라는 1970년대 이후로 GPI 지수가 계속 떨어지고 있는 나라입니다. 매일 돈에 허덕인다면 평화 지수가 낮아질 수밖에 없겠지요?

인플레이션, 디플레이션, 스태그플레이션

인플레이션(Inflation)

인플레이션은 물가가 지속적으로 상승하는 경제 현상입니다. 총수요가 증가하고 생산비가 오르면 인플레이션이 발생합니다. 인플레이션에는 총수요가 늘어나서 생기는 수요견인 인플레이션과 생산비 상승으로 인해 발생하는 비용인상 인플레이션이 있습니다.

인플레이션이 발생하면 임금이 올라도 실질적으로는 임금이 낮아지는 효과가 발생합니다. 내 월급이 100만 원에서 120만 원으로 20% 올라도 물가가 30% 상승해버리면 결국 생활은 월급이 오르기 전보다 힘들어지기 때문입니다.

인플레이션이 발생하면 임금소득자에게는 불리한 소득 재분배가 이루어집니다. 임금은 물가보다 느리게 오르기 때문에 실질적으로 임금 상승 효과를 볼 수 없기 때문입니다. 인플레이션은 빈부격차를 심화시키고 부의 불균등을 확대시킵니다. 또 경제적 효율성을 낮춰 경제 성장에 악영향을 미칩니다. 또한 돈을 빌린 사람은 유리하고 돈을 빌려준 사람은 불리해집니다. 100만 원을 빌린 다음 인플레이션이 발생하면, 발생 이후 100만 원의 가치는 돈을 빌릴 때의 100만 원보다 떨어지기 때문입니다.

독일은 제1차 세계대전 직후, 경제를 부흥시키기 위해 돈을 무리

하게 많이 찍어내면서 물가가 1년 사이 700% 상승하는 심각한 인플레이션을 겪었습니다. 통화량이 늘어나자 기업활동이 활발해지고 고용은 늘어났으나 실질적 임금은 엄청나게 감소해 중류층 이하 국민들은 생존을 위협당할 정도였습니다. 반면 대기업은 부를 독식하며 큰 빈부격차가 생겼습니다.

디플레이션(deflation)

디플레이션은 물가가 지속적으로 하락하는 경제 현상으로, 인플레이션의 반대 개념입니다. 물가 상승률의 둔화를 의미하는 디스인플레이션(disinflation)과 혼동하지 않도록 주의해야 합니다.

디플레이션이 발생하면 부동산, 주식 등 자산 가격이 떨어지고, 실질금리와 실질임금이 상승하고, 주가, 부동산 가격, 실질채무부담 하락 등의 현상이 나타나 소비와 생산 활동이 위축될 우려가 있습니다. 물가가 하락하면 소비가 활발해질 것 같지만, 디플레이션이 진행되면 화폐 형태로 재산을 보유하려는 경향이 강해져 소비는 오히려 위축됩니다. 그리고 채권자와 고정 수입자(임금소득자 포함)가 채무자나 기업가에 비해 유리한 상황이 됩니다.

디플레이션은 요즘은 거의 일어나지 않는 현상이지만 1930년 제1차 세계대전 이전에는 미국과 유럽 등지에서는 빈번하게 발생했습니다. 그러나 이러한 디플레이션 현상으로 인해 소비가 위축되자 생산 과잉으로 인해 '대공황'이 발생했으며, 공황에 따른 세계적인 인플레이션 현상 이후 디플레이션은 경제학 교과서에서 이론으로만 만날 수 있는 현상이 되었습니다.

　최근에는 인위적으로 디플레이션 상태를 유도하는 정책을 이용하기도 합니다. 인플레이션을 억제하기 위해 금융 긴축, 재정 긴축 정책을 쓰는 것을 두고 정책적 디플레이션이라고 합니다.

스태그플레이션(stagflation)

　제2차 세계대전 전까지는 경기가 침체되면 물가가 내리고, 경기가 살아나면 물가도 오르는 것이 일반적이었습니다. 그러나 시간이 지나며 경기침체와 물가 상승이 함께 나타나는 현상이 발생하는데, 이를 스태그플레이션이라고 합니다. 원자재 가격, 임금 등 생산 비용의 급등이 주요 원인으로 꼽히지만, 현실의 스태그플레이션 현상을 만족스럽게 설명하지는 못합니다. 경기가 나빠져 일자리를 구하기 힘든데 물가만 상승하는 스태그플레이션은 가장 고통스러운 경제 상황입니다.

	인플레이션	디플레이션	스태그플레이션
경기	↑	↓	↓
물가	↑	↓	↑

조선시대에도 인플레이션이?

우리는 인플레이션이라는 단어가 익숙한 시대를 살고 있습니다. 그렇다면 과거에는 인플레이션이 없었을까요? 인플레이션이라는 용어가 쓰이지 않던 조선시대에도 인플레이션이 발생한 적이 있습니다. 조선 후기, 고종의 아버지인 흥선대원군은 경복궁을 재건할 돈을 마련하기 위해 '당백전'이라는 화폐를 발행했습니다. 새 화폐를 발행한 것은 재원 확보 때문이기도 했지만 당시 통용되던 상평통보는 물가가 오른 데 비해 그 가치가 너무 작아 거래를 하는데 많은 불편이 있기 때문이기도 했습니다. 물가는 올랐는데 만 원짜리 지폐 없이 계속해서 천 원짜리로만 거래를 해야 한다면 아주 불편하겠지요?

그러나 문제는 당백전의 가치를 너무 높게 책정했다는 데 있었습니다. 당시 화폐는 무게로 가치를 판단했는데, 당백전의 무게는 통용되고 있던 상평통보의 5배 정도에 지나지 않았지만 그 가치는 100배 가까이 높게 매겼습니다. 실질가치에 비해 명목가치를 지나치게 높인 것입니다.

명목가치가 지나치게 높은 화폐를 단시간에 너무 많이 유통시킨 탓에 당백전을 발행한 지 6개월 만에 쌀 한 섬의 가격이 여섯 배로 폭등했고, 백성들의 원성은 높아졌습니다. 당백전을 발행한 정부는 당백전을 물품을 구입할 때만 사용하고, 정작 조세나 공과금 납부 등으로 받는 것은 거부해 당백전의 공신력은 추락했습니다. 상평통보를 가진 사람들은 당백전과의 교환을 기피해 상평통보를 사용하지 않고 보유하고만 있었습니다. 당백전을 기피하는 성향이 커지자 사람들은 화폐를 이용하는 대신 물물교환을 하기에 이르렀으며, 화폐가치가 떨어져 물가는 폭등했습니다.

국가의 부족한 재정을 메우려고 발행했던 화폐는 물가 폭등 현상만 초래했고, 결국 흥선대원군 정권의 붕괴로 이어지게 되었습니다.

고용과 가정경제

요즘은 40~50세 정도면 회사를 나오는 사람들이 많습니다. 취직에 성공해도 계약직이거나 인턴, 비정규직 등 임금이 적은 고용 형태인 경우가 태반입니다. 은퇴는 빨라지고 고용은 불안정해졌습니다.

회사에서 해고된 사람들은 창업을 통해 자영업시장에 뛰어듭니다. 우리나라 자영업 비율은 경제활동인구의 33%나 됩니다. 미국의 7.4%, 일본의 10.2%보다 훨씬 높습니다.

내수는 자꾸 줄어드는데 좁디좁은 내수시장에 가게만 늘어납니다. 그러니 가게가 개업하자마자 문 닫고 폐업하기가 일쑤입니다. 앞으로는 퇴직금도 현금으로 주어지지 않습니다. 다 금융상품에 투자되고 투자의 성과에 따라 돈을 받는데 수익이 나지 않으면 퇴직금은 그만큼 줄어들게 됩니다.

60세면 받을 수 있던 국민연금 수령 연령도 65세로 5년 미뤘겼다가, 이제는 68세까지 미뤄질 가능성도 있다고 합니다. 국민연금의 고갈을 염려해서입니다.

2012년 기준으로 통계청에서 발표한 우리나라 비정규직은 591만 명입니다. 그러나 정부에서는 임시직과 일용직 노동자들을 통계에서 제외했습니다. 그들을 모두 합치면 848만 명, 전체 노동인구의 47.8%에 이릅니다.

정규직과 비정규직의 임금 격차는 날이 갈수록 벌어지고 있습니다. 한창 결혼을 하고 가정을 꾸릴 연령대에서 비정규직 비율이 자꾸만 늘어나니 가계 지출, 소비 지출이 줄어들 수밖에 없습니다.

우리나라의 생산인구를 고용 형태에 따라 분류한 도표입니다. 15세 이상 인구가 4,045만 5,085명이고 그중 경제활동을 하지 않고 있는 인구(비경제활동인구)가 1,607만 3,086명이라고 합니다. 자영업자, 호출근로 등은 서비스를 생산하는 사람들입니다.

표에 나와 있는 사람들은 모두 GDP를 만드는 데 기여하는 사람들입니다. GDP가 뭔지 이제 한 눈에 알 수 있을 것 같지 않나요?

표에서 보듯이 우리나라 실업자는 100만 4,621명입니다. 정부는 실업률이 3.5%라고 말합니다. 미국은 9.1%이고, 최근 스페인의 실업률은 20%에 달합니다. 상대적으로 보면 우리나라의 실업률은 매우 낮고 대부분의 사람들이 돈을 벌고 있는 것처럼 보입니다.

하지만 잘 보세요. 표에는 비경제활동인구가 1,607만 3,086명으로 나타나 있습니다. 비경제활동인구에는 더 이상 일을 하기 힘든 노인들이나 전업 주부는 물론 취업 준비생, 고시 준비생, 일자리를 구하기 힘들어 구직을 포기한 사람들 모두가 포함됩니다. 이들은 사실상 실업자와 다를 바 없는 입장에 있는데도 통계에서는 실업자에 포함되지 않습니다. 소위 '백수'도 실업자가 아니라 비경제활동인구 1,607만 3,086명에 들어갑니다. 비경제인구를 실업자로 따지면 우리나라 실제 실업률은 3.5%가 아니라 15% 정도가 됩니다.

한국의 노동력 구조

15세 이상 인구 4,045만 5,085명	비경제활동인구 1,607만 3,086명						
	취업자 2,337만 7,378명	실업자 100만 4,621명					
		임금 노동자 1,661만 6,561명	고용주, 자영업자, 무급가족종사자 676만 817명(취업자수에서 임금노동자 수를 뺀 것)				
			독립 도급	특수고용 57만 7,126명			
				재택근로 6만 4,840명			
			종속적 노동자 1,597만 4,596명	간접 고용 153만 6,039명	파견근로 21만 2,060명		
					용역근로 54만 9,889명		
					호출근로 77만 4,090명		
				직접 고용 1,443만 8,557명	시간제 108만 3,638명	상용파트 1만 7,452명	
						임시파트 106만6,186명	
					전일제 1,335만 4,919명	정규직 833만 7,480명	
						일반임시직 306만4,915명	
						기간제 195만 2,596명	

한국의 노동자 월평균 임금은 2010년 기준으로 195만 원입니다. 그중 정규직은 평균 266만 원, 비정규직은 123만 원을 법니다. 그런데 한국노총에서 내놓은 표준생계비(초등학생 자녀 두 명이 있는 4인 가족 기준)는 5백 27만 원입니다. 취업자 수에서 임금노동자 수를 뺀

676만 817명의 소득은 천차만별입니다. 한 달에 몇 억을 버는 사람도 있고 100만 원도 벌지 못하는 사람도 있습니다. 어쨌든 그 소득에서 교육비, 식비, 통신비, 교통비 등을 지출하고 세금과 대출 이자 등을 감당하며 살아갑니다.

부모님의 월급 통장을 본 적이 있나요? 직접 눈으로 본다면 지금의 상황을 더 분명히 이해할 수 있을 것입니다. 부모님들도 자녀에게 가정 경제 상황을 공개해야 합니다. 소득세나 건강보험료 등, 소득에서 어떤 항목이 지출되는지 공개하고 지출 계획을 함께 짜며 가정 경제 운영에 가족구성원 모두가 참여해야 합니다. 그것이 살아 있는 경제 공부이고, 돈을 절약하고 관리하는 첫걸음입니다. 가계부도 만들어 보세요.

오늘의 수입	오늘의 지출
– 부모님 용돈 100,000원	– 간식 5,000원
– 아르바이트 200,000원	– 이어폰 12,000원
	– 저축 50,000원
	총 지출 : 67,000원

국가의 소득, 세금

세금이란 국가나 지방 공공 단체가 경비로 사용하기 위해 국민이나 주민들에게 거두는 돈을 뜻합니다. 우리나라 헌법에는 납세의 의무가 명시되어 있습니다. 대한민국 국민이면 누구든 정해진 세금을 내야 합니다.

세금은 영어로 tax라 하는데 이 단어는 '평가하고 다룬다'는 뜻인 taxare라는 단어에서 나왔습니다. 세금의 원뜻은 '소득을 평가하고 다룬다'는 것입니다. 국가는 개인이 버는 소득을 평가해 소득세를 매기고, 기업이 버는 소득을 평가해 법인세를 매깁니다.

우리는 얼마만큼의 세금을 어떤 명목으로 내고 있을까요? 월급을 200만 원 받는 사람의 경우를 한번 살펴봅시다.

월급은 200만 원이지만 세금만으로 10만 원 이상을 내고 나니 남은 돈은 190만 원이 채 되지 않습니다. 위에 쓰인 세금들은 임금노동자가 급여를 받기 전에 징수되는 세금입니다. 급여가 높아질수록 공

	근로소득세	14,860원
	주민세	1,486원
급여	국민연금	67,500원
200만 원	건강보험료	38,100원
	고용보험료	9,000원
	세금을 낸 뒤 총급여액	1,869,054원

제되는 세금도 높아집니다. 이외에도 집이 있다면 주택보유세를, 자동차가 있다면 자동차세를, 그 외 전기세, 수도세 등을 내야 합니다.

세금의 종류는 몇 가지일까요? 전기세, 수도세, 각종 물건 값에 포함되어 있는 세금, 집을 살 때 내는 취득세, 집을 팔 때 내는 양도소득세, 기업이 내는 법인세 등, 세금의 종류는 매우 다양합니다.

우리나라 사람이 평생 내는 세금은 2011년 기준으로 약 5억 원이고, 2012년 우리나라의 총 조세 수입은 260조억 원 정도였습니다. 우리나라 GDP 1,000조 원에서 약 25%를 국가가 가져가는 것입니다.

국가는 거둬들인 세금을 꼭 필요한 곳에 효율적으로 사용해야 합니다. 그러나 세금이 낭비되는 경우가 자주 발생합니다. 이용객이 거의 없는 전철 노선을 만드는 데 몇 조 원을 쓰기도 하고, 교통이 불편한 외진 곳에 행사장이며 공원을 만드느라 거금의 세금을 쓰기도 합니다.

우리가 사는 물건 값에도 세금들이 포함되어 있습니다. 가장 앞에서 살펴본 부가가치세뿐만 아니라 여러 항목이 있답니다.

세금의 종류

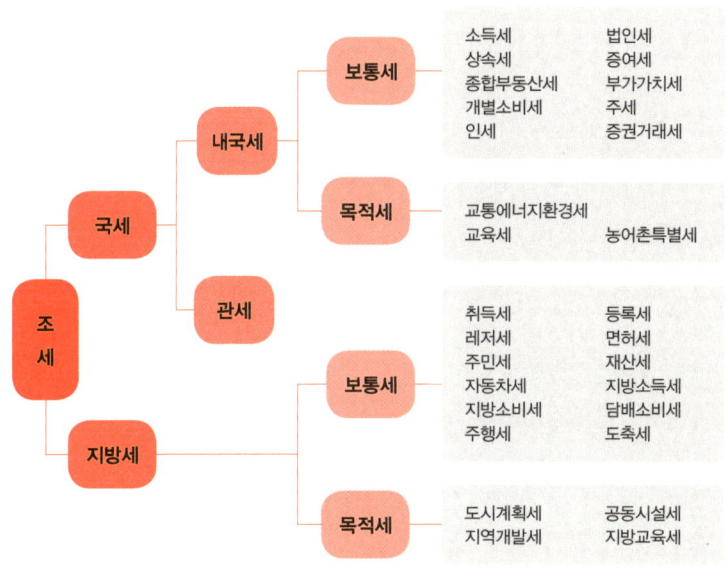

조세
- 국세
  - 내국세
    - 보통세: 소득세, 상속세, 종합부동산세, 개별소비세, 인세, 법인세, 증여세, 부가가치세, 주세, 증권거래세
    - 목적세: 교통에너지환경세, 교육세, 농어촌특별세
  - 관세
- 지방세
  - 보통세: 취득세, 레저세, 주민세, 자동차세, 지방소비세, 주행세, 등록세, 면허세, 재산세, 지방소득세, 담배소비세, 도축세
  - 목적세: 도시계획세, 지역개발세, 공동시설세, 지방교육세

차에 넣는 기름 값에도 세금이 포함되어 있습니다. 기름 값 중 54.3%에 해당하는 금액이 세금으로 나갑니다. 기름을 7만 원 어치 넣으면 3만 8,000원 가량이 세금입니다. 세금 항목은 표에서 보다시피 다양합니다. 그런데 자동차 연료인 기름 값에 '교육세'가 들어 있는 점이 특이하지요? 교육세는 기름만이 아니라 술에 매기는 주세, 담배에 매기는 담배소비세, 자동차에 매기는 자동차세에도 포함되어 있습니다. 세금은 쓰이는 분야가 매우 다양하기 때문에 모자라는 세금을 다른 여러 분야에서 거두기도 합니다.

이처럼 국민들은 다양한 명분의 세금을 냅니다. 세금은 오르기도 하고 내리기도 하며, 어떤 항목은 사라지기도 하고 새로운 항목의 세금이 생겨나기도 합니다. 사람들은 대부분 세금 지출을

	교통세
	교육세
기름 값	주행세
	부가가치세
	통행료

줄이고 싶어 하지만 우리나라는 GDP 규모에 비해 세금을 많이 거두는 편이 아니랍니다. 한 나라의 국민소득에 대해 조세가 차지하는 비율을 조세부담률이라고 합니다. 우리나라의 조세부담률은 19.3%입니다. 이는 2008년의 20.7%보다도 낮은 부담률인데, 정부에서 세금을 덜 거두는 '감세 정책'을 실행했기 때문입니다. 2010년 기준 OECD 가입 국가 평균 조세부담률은 24.6%입니다. 조세부담률이 높은 나라는 스웨덴(34.3%), 영국(28.4%) 등 유럽 국가들이 많습니다. 우리나라보다 조세부담률이 낮은 미국(18.3%)과 일본(15.9%)은 재정 적자로 인한 경제위기를 겪고 있습니다.

세금은 덜 내야 좋은 것 아니냐고요? 월급이 부족하면 집안 살림을 제대로 꾸려나가기가 힘들 듯이 세금이 부족하면 나라 살림을 매끄럽게 꾸려나갈 수가 없습니다. 우리나라는 세금을 더 많이 거두는 정책, 즉 '증세 정책'을 펼쳐야 합니다.

그렇다면 세금을 어떻게 거두어야 가장 효율적일까요? 가난한 사람들에게 세금을 더 내라고 하는 것과 부자들에게 세금을 더 내라고

하는 것 중 어느 쪽이 더 타당한 조세 정책일까요?

　노르웨이, 핀란드, 인도 등 몇몇 나라는 부자들로부터 '부유세'라는 세금을 거둡니다. 부유세에 대한 의견은 찬반으로 나뉩니다. 부유세를 걷으면 당장은 부자들이 손해를 보는 것 같지만 부유세로 걷은 돈을 국가에서 제대로 투자하면 결국은 부자들에게도 이익이 된다는 찬성 의견이 있는가 하면 부유세를 피해 부자들이 재산을 해외로 도피시키면 국가의 자산이 유출될 가능성이 높다는 반대 의견도 있습니다. 실제로 증세 정책을 피하기 위해 귀화나 이민을 하는 사람들이 나타나 논란이 되기도 합니다.

　우리나라는 최근 몇 년간 부유세를 거두지 않고 오히려 부유층의 세금을 감면해주었습니다. 기업을 운영하는 데 붙는 세금을 감면해

주면 자본을 더 활발히 투자하고, 그만큼 새로운 노동력을 고용하리라 기대한 것입니다. 하지만 부유층의 세금을 감면해준다고 해서 반드시 기업들의 투자와 고용이 활발해지는 않습니다. 자칫하면 그저 부유층의 재산 축적을 돕는 정책이 될 위험이 있습니다. 미국에서는 레이건 전 대통령, 우리나라에서는 이명박 전 대통령이 부유층의 세금을 깎아주었습니다. 5년 동안 감면한 세액을 합치면 무려 82.9조 원이라고 합니다.

합법적인 세금 감면에 대해서도 논란이 많지만, 세금을 내지 않기 위해 편법을 이용하는 것도 사회적 문제입니다. 여러분도 주식이란 말을 들어본 적이 있을 것입니다. 주식은 '주식회사'의 자본을 구성하는 단위입니다. 어떤 사람이 돈을 내고 한 회사의 주식을 삽니다. 그런 사람들을 회사의 '주주'라고 합니다. 주주들이 낸 돈이 모여 그 회사의 자본을 구성합니다. 실적이 높고 운영이 잘되는 회사일수록 주가가 올라가고, 반대일 때는 주가가 내려갑니다. 그래서 주식을 사고파는 사람들은 늘 각 기업의 동향에 촉각을 세우고 있습니다. 주가가 낮을 때 주식을 사서 주가가 높아지면 그 주식을 파는 방법으로 돈을 벌기 위해서입니다.

그런데 이 주식 매매에는 세금이 붙지 않습니다. 1,000원짜리 주식을 사서 1,500원에 팔았다면 500원을 번 셈입니다. 하지만 주식으로 거래해서 번 돈에는 세금이 붙지 않습니다.

상가나 건물 주인들이 세입자들에게 받는 보증금과 월세 등의 임대료도 문제입니다. 임대료에 대한 세금이 제대로 걷히지 않고 있기 때문입니다. 월세를 전세로 속이거나 아예 신고를 하지 않아 최소 6~7조 원의 세금이 증발하고 있다고 합니다.

재벌 기업, 부유층, 고소득 전문직 종사자들 사이에 탈세와 소득 속이기가 만연해 있는 것은 우리나라의 슬픈 자화상입니다. 이런 탈세 때문에 우리나라의 지하 경제(뇌물이나 절도, 횡령 등의 범죄나, 사채, 투기 및 비자금 등에 의해 정부 기관에 걸려들지 않는 경제 영역)규모는 멕시코, 스페인, 이탈리아에 이어 세계 4위에 이를 정도입니다. 멕시코와 이탈리아 등의 지하경제 규모가 기업이나 일반 소득자보다는 범죄 조직 등에 의한 것임을 감안하면 우리의 도덕적 해이함이 더 크다고 볼 수도 있습니다.

2012년 기준으로 우리나라 지하경제 규모는 GDP의 23%, 약 294조 원에 이릅니다. 294조 원이 세금으로 걷히지 않고 숨어 있는 셈입니다. 그러니 강제로 세금을 징수당하는 임금노동자들로서는 불만이 생깁니다. 조세의 형평성이 이루어지지 않고 있는 것입니다.

한 시간에 얼마? 최저임금제

아르바이트를 해본 적이 있나요? 아르바이트를 해봤다면 어떤 생각을 했었나요? 내 손으로 직접 돈을 벌었다는 사실에 뿌듯함을 느낀 친구들도 있을 테고, 이 돈을 어디에 쓸까 고민한 친구들도 있겠지요. 혹은 열심히 일한 데 비해 받은 돈이 적어서 마음이 상한 친구들도 있을 것입니다. 최악의 경우에는 일만 하고 돈은 받지 못한 친구들도 있을 것이고요. 아르바이트를 할 때 시급은 얼마를 받고 했었나요? 그 시급이 높다고 생각했나요, 아니면 낮다고 생각했나요?

우리나라에서는 1988년에 처음으로 최저임금제가 생겼습니다. 최저임금제란 노동자들에게 1시간당 주어야 할 가장 낮은 금액을 정한 제도입니다. 최저임금은 매년 10원, 20원씩 오르는데 2012년 최저임금은 4,860원으로 정해졌습니다. 2013년부터는 공장에서든 편의점에서든 어디서나 적용되어, 누구든 1시간을 일하면 최소 4,860원을 받아야 합니다.

하지만 최저임금을 지키지 않는 고용주들은 곳곳에 존재합니다. 더 큰 문제는 최저임금제를 준수해서 받은 임금으로도 생활을 꾸리기가 어렵다는 것입니다.

대학에 가면 학기당 몇 백만 원의 등록금이 필요합니다. 부모님의 지원을 받지 못하는 학생은 혼자서 등록금을 마련해야 합니다. 그런데 최저임금을 받고 새벽까지 일해도 한 달에 손에 쥐는 돈은 100만 원이 채 안 됩니다. 그래서 두세 개의 일을 동시에 하는 대학생들도 심심치 않게 찾아볼 수 있습니다. 그렇게 해야 간신히 한 학기 등록금과 생활비를 벌 수 있는데, 이렇게 되면 일을 하느라 정작 공부를 하지 못한다는 문제가 발생합니다.

다음 '빅맥' 가격과 최저임금을 비교한 표를 보면 우리나라의 최저임금이 어느 정도로 낮은지를 알 수 있습니다.

갑자기 웬 빅맥이냐고요?

경제지수 중에 '빅맥지수'라는 것이 있습니다. 한 나라의 최저시급으로 그 나라에서 판매되고 있는 빅맥을 몇 개나 살 수 있는지를 살펴보는 지수입니다. 이는 전 세계 곳곳에 퍼져 있는 맥도널드에서 판매하는 햄버거인 빅맥의 가격이 표준화되어 있어 어느 곳에서나 거의 일정하다는 것을 활용해 만든 지수입니다.

나라	최저임금
뉴질랜드	12,600 원
영국	10,500 원
일본	8,650 원
미국	7,975 원
멕시코	5,200 원
한국	4,860 원

빅맥 가격 : 3,200원

우리나라 최저시급으로는 빅맥을 하나밖에 살 수 없습니다. 그에 비해 노르웨이, 호주는 최저시급으로 빅맥을 3~4개 정도 살 수 있습니다. 영국은 약 3개, 일본은 2개 정도를 살 수 있습니다. 똑같은 시간을 일해도 우리나라는 다른 나라에 비해 소비를 적게 해야만 한다는 뜻입니다. 물가대비 최저시급이 낮은 편이라는 것을 알 수 있습니다.

빅맥지수는 여러 외부요인이나 변수를 고려하지 않은 지수이기에 정확도가 떨어지고, 경제적인 결론을 내기보다는 참고자료로 이용되는 지수입니다. 하지만 각국의 물가 수준과 구매력을 한눈에 알아보기 편리한 자료이기도 합니다.

인간다운 생활을 보장한다? 최저생계비

경제는 생산, 소비, 분배 세 박자로 이루어집니다. 물건을 생산해도 소비하지 않으면 경제가 제대로 돌아가지 않고, 경제가 돌아가지 않으면 분배 또한 제대로 이루어지지 않습니다. 분배가 되지 않으니 더더욱 소비를 할 수 없는 악순환이 이루어집니다.

나라 살림을 운영하는 데 있어 분배는 매우 중요합니다. 분배란 한 사회 안에서 산출된 생산물이나 소득을 생산에 참가한 구성원들이 나누어 갖는 것입니다. 소득 분배가 잘 이루어지지 않으면 빈부 차이가 극심해져 사회는 양극화되고 맙니다. '최저임금제'와 더불어 분배와 연관된 또 다른 개념으로 '최저생계비'가 있습니다.

1999년에 제정된 국민기초생활보장법에 따르면 최저생계비는 '국민이 건강하고 문화적인 생활을 유지하기 위해 필요한 최소한의 비용'으로, 기초생활수급자 등 각종 복지사업 대상자 선정과 급여 수준을 결정할 때의 기준이 됩니다. 최저생계비에는 주거비와 의료비, 교육비, 내구재 구입비 등이 전부 포함됩니다.

2013년 최저생계비는 4인 가족 기준 약 155만 원으로 결정되었습니다. 한 사람당 38만 원 정도가 돌아가는 금액입니다. 이 돈을 6년 2개월 동안 한 푼도 쓰지 않고 모아야 방 두개짜리 전셋집을 구할 수 있습니다.

최저생계비는 국민기초생활보장제도의 수급자가 되느냐 못 되느냐, 된다면 얼마만큼의 현금급여를 받느냐, 이 두 가지를 결정하는 매우 중요한 기준입니다. 이외에도 긴급복지와 보육료 지원, 장

구 분	2012년 최저생계비	2013년 최저생계비
1인 가구	553,354	572,168
2인 가구	942,197	974,231
3인 가구	1,218,873	1,260,315
4인 가구	1,495,550	1,546,399
5인 가구	1,772,227	1,832,482
6인 가구	2,048,904	2,118,566

애연금 등 각종 사회복지제도의 대상자를 선정하는 기준이 됩니다.

국민기초생활보장제도는 국가가 빈곤 계층의 생계, 주거, 교육, 의료 등 기본적인 생활을 보장하는 제도로, 매달 생계비를 지급합니다. 생계비는 '현금급여기준'에 따라 그 금액이 정해집니다. 현금급여기준은 기초생활보장제도의 혜택을 받는 수급자에게 현금으로 지급할 수 있는 지원금의 가장 큰 금액으로, 현물로 지급되는 의료비, 교육비, 텔레비전 수신료 등을 차감한 금액입니다. 수급자는 현금급여기준에서 해당 가구의 소득인정액을 차감한 금액을 매월 생계급여와 주거급여로 지급받게 됩니다. 그런데 소득인정액이란 해당 가구가 직접적으로 벌어들이는 돈만을 따지는 것이 아니라 살고 있는 집, 소유하고 있는 차량 등을 모두 환산해서 계산합니다. 결론적으로 기초생활보장자들은 155만 원보다 적은 금액을 받게 되는 것입니다.

2003년 기준 4인 가구 최저생계비는 101만 원이었음에도 불구하고 4인 가구 수급자의 평균 급여액은 25만 원 남짓이었습니다. 최저생계비에서 소득인정액만큼을 차감하고 지원하기 때문에 최저생계비와 실제 수급자의 급여액에는 큰 차이가 있을 수밖에 없습니다.

'부양의무제도'도 빈곤 계층의 발목을 잡습니다. 국민기초생활보장제도의 수급자가 되어도 수급권자의 자식이 일을 하고 있거나 차를 가지고 있으면 수급자에서 탈락하게 됩니다. 더 나아가 전혀 연락이 안 되는 먼 친척이 살아 있다는 이유로 수급권을 받지 못하는 경우도 있습니다. 실질적으로 노숙자나 다름없이 재활용품을 팔아 간신히 생계를 잇는 노인도 자식이 있으면 이 부양의무제도 때문에 기초생활수급자가 될 수 없습니다. 현실적으로 부모나 자식이 있다 해서 그들이 반드시 가족을 부양할 수 있는 경제적 능력이 있으리라는 보장이 없기 때문에 부양의무제도 폐지를 주장하는 목소리가 높아지고 있습니다.

최저생계비가 지원되는 '필수품' 항목들이 논란이 되기도 합니다. 예를 들어 최저생계비로 휴대폰을 사용하는 것이 정당한가, 학습지 등 과외활동을 하는 것이 정당한가 같은, '필수품'의 기준을 둘러싼 논쟁입니다.

통신비, 교육비, 피복비, 저축 등등 어떤 사람들에게는 당연한 지출 항목들이 최저생계비의 기준 항목을 정할 때는 하나하나 도마 위에 오릅니다. '건강하고 문화적인 생활을 유지하기 위하여 소요되는 최소한의 수준'에 맞는 필수품이 무엇인지에 대해서는 사람마다 의견이 다를 수밖에 없습니다.

그러나 어떤 사람에게는 여가 시간을 위해 필요한 비용이 어떤 사람에게는 생활을 위해 반드시 필요한 비용이 될 수 있습니다. 최소한의 과외활동은 사회생활에 있어 인간으로서의 존엄을 지켜주는 방어선이 되기도 합니다.

안정적인 일자리를 얻기 힘든 저소득층에게 일자리를 알려주는

휴대폰은 대화를 나누기 위한 도구 이전에 생존을 위한 도구입니다. 어린이집이나 학원에 갈 돈이 없어 집에서 홀로 시간을 보내는 아이에게는 갑작스러운 일이 생겼을 때 어른들에게 연락을 할 유일한 수단일 것입니다.

최저생계비 제도는 사회 빈곤층이 최저한의 '인간다운' 생활을 할 수 있도록 도와주는 제도입니다. 즉, 한 사회가 생각하는 '인간다움'의 기준을 금액으로 환산하는 제도라고 볼 수 있습니다. 돈과 숫자를 계산하는 것만이 경제학의 전부는 아닙니다. 여러분이 생각하는 인간다운 생활의 기준은 무엇인지, 일상적으로 사용하고 있는 물건들 중 필수품인가 아닌가를 고려해 어떻게 나눌 수 있을지 생각해 보는 것도 좋은 경제학 공부가 될 것입니다.

빈부격차를 한눈에! 지니계수

우리나라는 잘 사는 사람과 못 사는 사람들의 격차가 점점 벌어지고 있습니다. 이를 소위 '양극화 현상'이라고 합니다. 양극화 사회는 상류층과 하류층이 명확히 나뉜 모습이 모래시계와 비슷하다고 해서 모래시계 사회(Hourglass society)라고도 합니다.

양극화가 심해지면 집안 살림살이는 더욱 나빠지고 경기는 깊은 불황에 빠져듭니다. 살림살이가 힘드니 사람들이 소비를 하지 않고, 가계 지출을 더욱 줄이면서 내수가 침체되는 것입니다.

지니계수란 양극화의 정도를 수치로 확인할 수 있는 지수입니다. 1912년, 이탈리아의 통계학자 코라도 지니(Corrado Gini, 1884~1965)가 만든 지표로 소득의 불평등, 소득의 분배, 부의 편중, 소득의 양극화 등을 나타냅니다. 지니계수는 0과 1 사이에서 값을 매기는데 지니계수가 0이면 소득이 완전히 평등하게 분배되고 있다는 뜻이며 1이면 소득 양극화가 이루어졌다는 뜻입니다. 보통 지니계수가 0.3을 넘으면 소득 분배가 불평등하게 이루어지고 있다고 판단합니다.

지니계수를 구할 때 사용되는 것이 로렌츠곡선입니다.

로렌츠곡선은 한 사회의 전체 인구와 사회 총소득을 대비해 그 사회의 소득 분배가 균등한지 아닌지를 알 수 있게 해주는 그래프입니다. 가로축을 총인구수, 세로축을 총소득액으로 놓은 다음, 인구의 누적률에 따른 소득의 누적 비율을 나타냅니다.

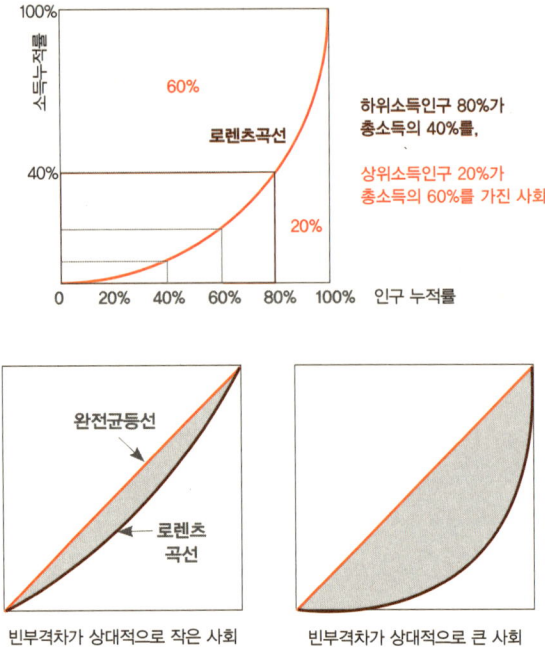

하위소득인구 80%가
총소득의 40%를,

상위소득인구 20%가
총소득의 60%를 가진 사회

빈부격차가 상대적으로 작은 사회

빈부격차가 상대적으로 큰 사회

　인구가 0%라면 소득도 0% 고, 인구가 100%라면 소득도 100%가
됩니다. 그래서 로렌츠곡선은 항상 (0, 0)에서 시작해 (1, 1)로 끝납
니다. 소득이 낮은 사람부터 점점 소득이 높은 사람 순으로 누적해
가는데, 따라서 로렌츠곡선은 하위소득인구가 사회 총소득을 얼마
만큼 차지하고, 상위소득인구가 사회 총소득을 얼마만큼 차지하고
있는지를 알 수 있습니다.

　만일 모든 사람에게 소득이 균등하게 분배된다면 로렌츠곡선은
완벽한 직선이 될 것입니다. 이 상태를 '완전균등상태'라고 하며, 완

전균등상태를 나타내는 선을 완전균등선이라 합니다.

분배가 제대로 이루어지지 않아 소득격차가 심해질수록 로렌츠곡선은 완전균등선에서 멀어집니다. 즉, 완전균등선과 로렌츠곡선 사이의 넓이가 넓을수록 빈부격차가 큰 사회라 할 수 있습니다.

지니계수는 완전균등선과 로렌츠곡선 사이의 면적을 수치화한 지표입니다. 따라서 지니계수가 크면 클수록 사회의 빈부격차도 크며, 작으면 작을수록 평등한 분배가 이루어지고 있다는 뜻입니다.

우리나라에서 가처분소득을 기준으로 한 지니계수는 2008, 2009년에 0.314라는 높은 수치를 보이다가 2010년 0.310, 2011년 0.311로 하락했습니다. 지니계수를 보면 우리나라 양극화 상황은 해를 거듭하며 나아지는 듯 보입니다. 하지만 실제로 사람들이 체감하는 빈

한국의 지니계수

부격차는 날로 심해지고 있습니다. 그렇다면 왜 지니계수와 사람들이 느끼는 빈부격차에 차이가 나는 것일까요?

2010년에 들어서 **소득 지니계수**가 낮아진 이유는 첫 번째로, 고용이 늘어나며 저소득층의 소득이 늘어났기 때문인 것으로 추측됩니다. 그러나 늘어난 고용이 대부분 시간제 노동자나 계약직 등에 치중되어 있기 때문에 일자리의 질과 소득 금액이 낮고, 따라서 전체 지표에는 영향이 있을지언정 저소득층에 있어서 양극화를 좁힐 수 있을 정도의 소득이 되지 못합니다.

두 번째로, 우리나라의 빈부격차는 소득보다 자산에 의해 벌어지고 있기 때문입니다. 예를 들어 같은 회사에서 같은 월급을 받고 일하는 두 사람이 있다고 생각해봅시다. 소득 지니계수로 살펴봤을 때 이 둘은 경제적으로 같은 계층에 들어갑니다.

하지만 한 사람에게는 부모님에게 물려받은 아파트가 있고 한 사람에게는 집이 없다면 이 둘의 경제적 격차는 크게 벌어지게 됩니다.

자산에는 주식, 저축성 보험, 계, 대출, 부동산 등이 포함되는데, 우리나라의 **자산 지니계수**는 0.7 가량으로 소득 지니계수의 두 배 정도 높은 수치를 보여줍니다. 부동산 값이 치솟으며 임금 노동자가 혼자만의 힘으로 자신이 살 집을 마련하기 점차 힘들어지고 있는 현재 상황에서, 자산 지니계수는 소득 지니계수에 비해 사람들이 체감하고 있는 양극화를 좀 더 현실적으로 반영하고 있다고 볼 수 있습니다.

하지만 자산 지니계수가 나아진다고 해서 양극화가 해소되었다고 할 수는 없습니다. 우리나라의 자산 지니계수는 2006년 0.715였다가 2011년에는 0.7로 낮아졌습니다. 수치 하락만 보아서는 자산의 불평등이 개선된 듯 보입니다. 그러나 그 뒷면에는 가계가 진 빚을 지니계수로 나타내는 **'부채 지니계수'**가 있습니다. 같은 기간 부채 지니계수는 0.71에서 0.81로 뛰었습니다. 결국 불평등이 해소된 것이 아니라, 가계가 빚으로 부동산을 구입했기 때문에 자산 지니계수가 낮아진 듯 보일 뿐입니다.

이처럼 우리 사회는 이제 한 가지 단면만을 보고 판단할 수 없을 정도로 깊고 복잡해졌습니다. 사회에 대해 객관적인 판단을 하기 위해서는 다각도에서 상황을 살펴보는 시각과 보이지 않는 면을 의심하는 사고방식이 반드시 필요합니다.

분배경제의 꽃, 복지

'복지'는 언젠가부터 우리나라 정치·사회·경제계의 뜨거운 화제가 되었습니다. 복지 확충에 찬성하는 사람, 복지 확충에 반대하는 사람이 나뉘어 국가 정책을 놓고 연일 논쟁을 계속하고 있습니다.

복지란 사전적으로 '행복한 삶'을 뜻합니다. 그러니 복지제도란 '사람들이 행복하게 살 수 있게 하는 제도'가 되겠습니다. 현재 우리나라에서는 다양한 복지제도를 실천 중입니다. 앞에서 본 기초생활보장제도는 가장 대표적인 복지제도입니다. 국가는 5세 이하 어린이의 보육료 일부를 지원하고, 노인에게 생활수당을 제공하기도 하며, 소득이 낮은 가계의 학생들을 위해 학교 무료급식 등을 지원하기도 합니다. 그럼에도 불구하고 아직 빈곤층의 삶은 힘이 들고, 빈부격차 또한 좁혀지지 않고 있습니다. 한 사람당 지원금으로 지급되는 금액이 낮아 예산만 많이 들고 실효성이 없다는 비판도 많이 받습니다.

국민들의 생활을 금전적으로 지원해주는 복지제도에는 많은 예산이 필요합니다. 예산은 세금에서 나옵니다. 결국 복지제도의 찬반 논쟁은 '세금을 어떻게 이용할 것인가'에 대한 논쟁이라고도 볼 수 있습니다.

복지제도의 대상을 넓히고 지원의 폭과 질을 키우는 것에 반대하는 사람들은 복지가 사람들을 나태하게 한다고 주장합니다. 복지제도를 확충하기 위해서는 세금을 많이 걷어야 하는데, 일을 열심히 해봤자 정부에 세금을 많이 내야 하면 남는 소득이 별로 없으니 일을 게을리 하게 된다는 것입니다. 또 복지제도가 발달해 최저생계비 등이 많이 지급되면 일을 하지 않아도 생활에 지장이 없으니 자발적으로 실업자가 되려 한다고도 합니다. 과도한 복지 정책에 대한 반대 논리의 근거입니다.

실제로 복지제도가 발달한 북유럽 국가들은 경제위기를 겪으며 정부 지출을 줄이기 위해 복지혜택을 축소하는 움직임을 보이고 있습니다. 스웨덴의 경우 지금까지 노동자의 해고를 금지하고 실업자에게도 급여의 80%에 달하는 수당을 주었습니다. 이러한 복지정책을 펼치기 위해 임금소득자들은 소득의 40% 정도를 세금으로 내야 했습니다. 소득의 절반가량을 정부에서 가져가니 시장에서는 소비가 원활히 이루어지지 않고 경제 순환이 활발히 되지 않습니다. 의료 복지 등에 있어서는 너무 많은 환자들에게 진료비 혜택을 주다 보니 의료 서비스의 질이 떨어졌고, 정작 고급 의료 기술이 필요한 난치병 환자들은 외국에 가서 치료를 받고 와야 하는 상황이 발생하기도 했습니다. 또한 정부에서 생활에 필요한 것을 대부분 해결해 주자 노동에 대한 동기가 하락해 실제로 자발적 실업자들이 생기기도 하고, 높은 세금을 피해 부유층이나 대기업이 외국으로 자산을 유출시키기도 했습니다.

문제는 이런 논리가 왜곡, 과장되어 꼭 필요하고 적절한 복지에 대해서까지 반대하는 논거로 사용된다는 것입니다. 미국의 레이건 전 대통령은 일하지 않고 정부의 지원금으로 살면서 고급 승용차를 몰고 다니는 사람이 실제로 있는 것처럼 선전을 해 사람들이 복지에 대해 부정적인 인상을 가지도록 만들었습니다. 또 소득세율을 내리면 노동 공급이 늘어나 오히려 세금이 더 많이 걷힌다는 검증되지 않은 이론을 내세워 부유층의 세금을 깎아주는 정책을 실시했습니다. 복지제도 수준이 서구 복지국가에 비해 1/3 정도밖에 되지 않는 우리나라에서도 이러한 반(反) 복지 논리가 점차 달아오르고 있습니다.

복지정책을 통해 사람들 모두가 불행하지 않을 정도의 생활수준을 유지하려면 거둔 세금으로 고른 분배를 달성해 빈부의 격차를 줄여야 할 것입니다. 그렇다면 우리나라는 빈부격차를 줄이는 데 세금

세후 지니계수와 세전 지니계수의 비교(2010)

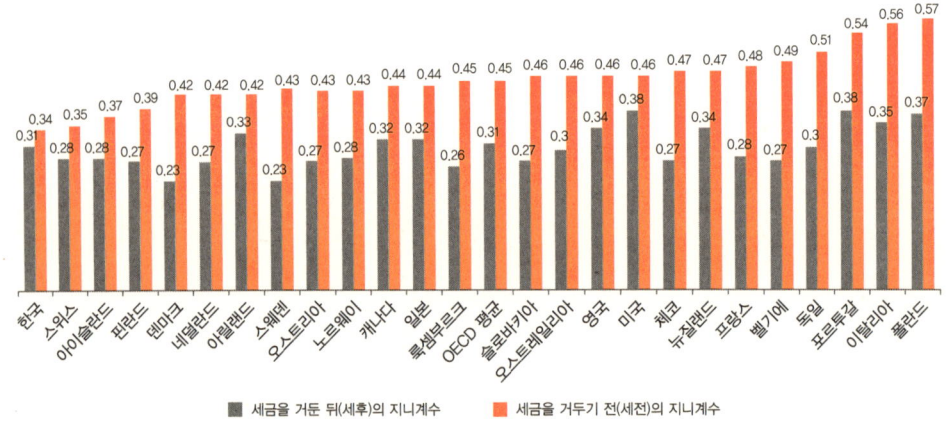

을 얼마나 이용하고 있을까요? 여기서 아까 배웠던 지니계수가 다시 등장합니다.

회색 막대와 노란 막대가 보이시나요? 회색 막대는 세금을 거둔 뒤(세후)의 지니계수, 노란 막대는 세금을 거두기 전(세전)의 지니계수를 뜻합니다. 우리나라는 세후와 세전 지니계수에 큰 차이가 없습니다. 그런가 하면 우리나라보다 세전 지니계수는 훨씬 높은 나라가 세후 지니계수는 훨씬 낮기도 합니다. 세전 지니계수와 세후 지니계수가 절반 가까이 차이 나는 나라들도 있습니다. 이웃나라 일본과 OECD 평균 역시 우리나라보다 훨씬 큰 차이를 보입니다.

세전 지니계수와 세후 지니계수의 격차가 클수록 세금을 통한 부의 재분배가 원활히 이루어지고 있다는 의미입니다. 세금을 거두기 전의 소득으로만 계산했을 때는 빈부격차가 크지만, 거둔 세금을 재정 지출로 고르게 분배해 빈부의 격차를 좁힌 것입니다.

지니계수 도표를 바탕으로 보았을 때, 우리나라는 거두어진 조세가 부의 재분배 기능을 제대로 수행하지 못하고 있음을 알 수 있습니다. 우리나라가 현재 충분한 복지정책을 이행한다고 볼 수 있을까요?

05

세계 경제의
큰 흐름

'세계화'라는 말을 알고 있나요?

세계화는 '세계 여러 나라가 정치, 경제, 사회, 문화, 과학 등 다양한 분야에서 서로 영향을 주고받으며 교류하는 현상'을 말합니다.

옛날에는 해외에 한번 나가는 것이 하늘의 별 따기처럼 어려웠습니다. 그러나 요즘은 필요하다면 누구나 쉽고 빠르게 세계 곳곳을 갈 수 있습니다.

나라와 나라 사이의 거래인 무역도 활발해졌습니다. 한때는 문을 걸어 잠그고 외국과의 교류를 거부했던 나라들도 지금은 문을 활짝 열고 외국의 물건을 사들이고, 또 자국의 물건을 팝니다. 아프리카에서 만들어진 옷을 한국에서 사고, 한국에서 만든 자동차가 저 멀리 유럽이나 미국에서 팔립니다. 이것이 현재 세계 경제의 모습입니다.

그러다보니 경제의 흐름도 옛날과는 비교할 수 없을 정도로 거대해졌습니다. 우리나라 안에서 일어나는 경제현상의 원인을 단순히 우리나라 안에서만 찾을 수 없게 된 것입니다. 미국에서 일어난 경제 불황 때문에 전 세계가 불황에 빠지기도 하고, 중동에서 일어난 석유 값 폭등이 전 세계 물가를 좌지우지하기도 합니다. 때문에 이제는 세계 경제의 흐름을 알아야만 지금 우리나라에서 벌어지고 있는 경제 현상에 대해서도 파악할 수 있습니다.

갈수록 알아야 하는 게 점점 많아지는 것 같아 힘들다고요? 그 대신 좋은 점도 많잖아요. 세계화가 이루어지지 않았다면 우리는 지금처럼 해외여행이나 유학을 갈 수도 없고, 해외에서 일하는 미래를 꿈꾸지도 못할 것입니다. 다른 나라의 다양한 문화를 받아들이지도 못했을 것이니 외국 영화를 보기도 힘들고 각국의 다양한 음식들도 맛보지 못하겠지요.

하지만 세계화에는 이런 장점이 있는 대신 여러 가지 단점도 있답니다. 이 단점을 잘 알고 공부한다면 우리는 좀 더 현명한 경제생활을 할 수 있을 것입니다. 그럼 세계 경제의 흐름을 따라 올라가볼까요?

금리란 무엇일까?

경제활동을 영위하는 각각의 주체, 즉 소비자(가계)와 생산자(기업)의 행동을 분석해 경제적 현상을 따져보고 해결하려 하는 연구를 미시경제학이라 합니다. 반면 재화와 용역의 총량을 이용해 경제의 전체적인 흐름에 초점을 두는 연구를 거시경제학이라 합니다. 간단히 말해 집안 살림이 미시경제학의 대상이라면 거시경제학은 나라 살림을 연구하는 것입니다. 집안 살림과 나라 살림은 서로 분리되어 있지 않습니다. 집안 살림을 이끌어가는 가계가 없으면 기업이 생산을 해도 소비가 되지 않습니다. 정부가 세금을 거둘 수도 없습니다.

또 다른 경제 주체인 정부는 은행을 통해 가계에 대출을 해주고 소비를 진작시킵니다. 가계는 벌어들인 소득으로 소비를 합니다. 가계가 대출받은 돈은 주식시장, 주택시장 등으로 투자되어 소비를 늘립니다.

거시경제와 미시경제는 **금리**를 통해서 밀접하게 이어집니다. 금리란 빌린 돈에 대한 이자 금액, 또는 이자율(%), 즉 이자에 대한 원금 비율을 뜻합니다.

왜 돈을 빌려줄 때 이자를 받을까요? 이자란 돈을 빌린 상대방이 돈을 갚지 않을 경우의 위험을 산정한 대비책입니다. 그래서 신용도가 높은 사람일수록 이자가 낮고, 신용도가 낮은 사람일수록 이자가 높아집니다.

이자는 현재의 만족을 포기한 데 대한 기회비용이기도 합니다. 지금 당장은 이 돈으로 다른 일을 할 수도 있지만 채무자가 이자를 주기 때문에 현재의 만족을 포기하고 그 사람에게 돈을 빌려주는 것입니다. 이자가 없다면 사람들은 쉽게 누군가에게 돈을 빌려주지 않을 것입니다.

각 나라마다 금융통화위원회와 중앙은행이 있는데 금리는 중앙은행이 결정합니다. 우리나라는 한국은행에서 금리를 조정합니다. 중앙은행이 정한 금리를 기준금리라 하고, 그런 다음 정해지는 시중은행의 금리를 시중금리라고 합니다. 기준금리는 CD금리와 가산금리가 더해져 이루어집니다.

금리의 종류

- **고정금리(Fixed Interest)** : 시중금리가 아무리 큰 폭으로 변하더라도 이자율이 변하지 않는 금리.
- **변동금리(Floating Rate)** : 시장금리의 단기적 변동을 감안, 정기적(통상 6개월)으로 조정되는 금리.
- **명목금리(Nominal Interest Rate)** : 은행에서 제시하는 물가상승률(인플레이션)을 감안하지 않는 금리.
- **실질금리(Effective Rate)** : 명목금리에서 물가상승률(인플레이션)을 뺀 금리. 체감금리라고도 한다.
- **대출금리(Interest Loan)** : 은행이 기업이나 개인에게 빌려줄 때 적용되는 가장 일반적인 금리.

CD금리가 무엇인지 알려면 먼저 은행의 역할에 대해 알 필요가 있습니다. 은행은 저축한 돈에는 이자를 붙여 되돌려주고(예금이자), 빌려간 돈에 대해 이자를 붙여 받습니다(대출이자). 예금이자가 대출이자보다 많으면 은행의 수익은 줄어듭니다. 두 이자의 차이를 '예대마진'이라 하며, 이것이 곧 은행의 수익이 됩니다. 따라서 은행은 예대마진을 높이려 하며, 이때 금융채금리와 CD금리를 사용합니다.

금융채금리란 금융채권의 금리라는 뜻입니다. 금융채권이란 특정한 금융기관이 발행하는 채권입니다.

채권이란 국가, 지방자치단체, 은행, 회사 등이 필요한 자금을 마련하기 위해 발행하는 유가 증권으로, 공채, 국채, 사채, 지방채, 금융채 등이 있습니다.

국가나 회사가 채권을 발행하면 투자하려는 사람들이 채권을 삽니다. 채권을 산 돈은 바로 국가나 회사에 빌려주는 돈이 되며, 일정 기간이 지나면 이자를 포함해 돌려받을 수 있습니다. 채권은 어떤 기관에 돈을 빌려줬음을 증명하는 문서라고 볼 수 있습니다. 금융채금리는 금융채권이 매매될 때 적용되는 금리이며, 5~6% 정도입니다.

CD란 양도성예금증서를 말합니다. CD는 사고팔 수

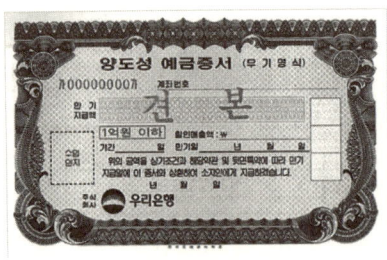
양도성 예금증서

없는 통장과는 달리 제3자에게 양도가 가능한 정기예금증서로, 만기일에 은행에 제시하면 누구나 예금 인출이 가능합니다. 누구에게나 팔 수 있고, 인출자의 이름을 쓸 필요가 없어 금융 범죄나 비리 사건에 단골로 등장합니다.

이 CD금리는 우리나라에서 일반인들이 은행에서 주택을 담보로 돈을 빌릴 때 적용된다고 해서 '주택담보대출금리'라고도 합니다. 보통 사람들이 은행에서 돈을 빌릴 때는 보통 CD금리에 1~2% 정도를 더한 가산금리를 합쳐 대출을 받습니다. CD금리는 집안 살림에 아주 큰 영향을 미칩니다. 금리가 0.1%만 올라가도 1,660억 원 가량을 가계가 부담해야 합니다. 2011년에 CD금리에 따라 돈을 대출받은 사람들은 2조 4,000억 원의 손해를 보았습니다. 거꾸로 은행은 2조 4,000억 원의 이득을 보았습니다.

하우스 푸어(house poor)라는 말이 있습니다. 무리하게 돈을 빌려 집을 사는 바람에 이자도 내기 버거운 상황에 처한 사람들을 뜻합니다. 집값이 올라갈 것이라 예상하고 은행에서 돈을 대출받아 집을 샀을 경우, 집값이 떨어지면 그만큼 손해를 입게 되고 빌린 돈을 갚기도 어려워집니다.

우리나라는 한동안 집값이 하늘 높은 줄 모르고 치솟았고, 많은 사람들이 이익을 남기기 위해 돈을 빌려 집을 샀습니다. 하지만 집값이 떨어지기 시작하자 돈을 빌려 집을 산 사람들은 하우스 푸어

신세에 놓이게 되었습니다. 이런 경향이 두드러지면 사회적 문제가 되는 이유는 다음과 같습니다.

집값 하락 ⋯▸ 대출 연체 ⋯▸ 주택 투매 ⋯▸ 가격 급락 ⋯▸ 가계 파산 ⋯▸ 채무 불이행 ⋯▸ 금융권의 손실

집값이 계속 떨어지면 사람들은 빌린 돈을 갚기가 점점 어려워집니다. 결국 사람들은 손해를 보고라도 너도 나도 집을 팔게 됩니다. 모두가 싼 가격에 집을 팔고자 한다면 집의 가격은 큰 폭으로 떨어질 것입니다. 비싸게 사서 싸게 팔았으니 집을 판 돈으로도 빚을 갚을 수 없어 많은 가계가 파산하게 됩니다. 그렇게 되면 사람들에게 돈을 빌려준 금융권 역시 큰 손실을 면할 수 없습니다.

우리나라의 150만 가구가 하우스 푸어라고 합니다. 가계소득의 40% 이상을 은행에 원리금과 이자로 내고 있기 때문에 다른 소비지출은 엄두도 내지 못하고 있습니다. 이것이 금리가 우리 생활에 끼치는 영향력입니다.

금리는 미시경제와 거시경제에 두루두루 큰 영향을 미치는 요소입니다. 금리 변동에 따른 시장의 변화를 정리해보면 다음과 같습니다.

금리 인상 ⋯▸ 통화량 감소 ⋯▸ 물가 하락

금리가 오르면 예금 이자도 오르기 때문에 주식시장에 있던 자금이 은행 예금으로 빠져나갈 가능성이 높아집니다. 그에 따라 주식시장의 수요가 줄어들어 주가 하락으로 연결될 수 있습니다. 하지만 금리가 오른다 해서 꼭 주가가 떨어진다고 확신할 수는 없습니다. 경제적 요소들은 그렇게 단순하게 연결되어 있지 않기 때문입니다. 금리 인상은 경제 성장을 알리는 신호라는 점 때문에 주가 상승을 유도하는 측면도 있습니다. 하지만 일반적으로 금리가 오르면 주가가 내려간다고 예측하는 경우가 많습니다.

금리 인상 ⋯→ 경제 성장률 상승
금리 하락 ⋯→ 경제 성장률 하락

경기 상승 ⋯→ 시장 자금 수요 증가 ⋯→ 금리 상승 ⋯→ 주가하락
경기 하강 ⋯→ 시장 자금 공급 증가 ⋯→ 금리 하락 ⋯→ 주가상승

금리란 돈의 사용 대가라고 볼 수 있습니다. 돈을 빌려 썼으니 그에 대한 대가를 내라는 것입니다. 돈의 사용 대가가 높아진다는 것은 돈의 가치가 높아진다는 말과 같습니다. 돈의 가치가 높아진다는 것은 같은 돈으로 많은 물건을 살 수 있다는 뜻입니다. 따라서 물가는 내려갑니다. 한국은행이 기준금리를 인상하는 이유는 물가 상승을 잡기 위한 것입니다.

금리 인상은 인플레이션을 잡는 효과가 있습니다. 금리가 하락해 사람들이 돈을 저축하지 않고 소비하는 데 치중하면 시장에 돈이 많이 풀립니다. 이를 통화량이 늘어난다고 표현하는데, 통화량이 늘어나면 금리는 올라갑니다.

통화량 증가 ⋯⋯→ 금리 하락
통화량 감소 ⋯⋯→ 금리 상승

금리가 오르면 부동산 가격은 어떻게 될까요? 금리가 오르면 일반적으로 부동산 가격은 떨어집니다. 부동산 투자는 대부분 대출을 받아 이루어지는데 금리 인상으로 인해 대출 이자에 대한 부담이 늘어나면 부동산 투자가 줄어들기 때문입니다. 부동산 투자가 줄어들면 부동산 가격은 떨어지고, 돈의 흐름이 부동산 등 다른 투자처보다 은행으로 흘러들어갈 가능성이 높아집니다.

그러나 이것은 주식의 경우와 마찬가지로 일반론으로서 금리 인상이 무조건 부동산 가격을 떨어뜨리기만 하는지는 좀 더 생각해야 할 문제입니다. 현대 경제는 다양한 요소가 복잡하게 얽혀 있으며, 일반론만으로 시장의 변화를 예측하기는 무척 힘들어졌기 때문입니다.

서브프라임 모기지 사태(subprime mortgage crisis)

서브프라임 모기지란 신용도가 낮거나 금융 거래 실적이 없는 개인을 대상으로 하는 미국의 주택담보대출을 말합니다.

세계 어디서나 신용도가 낮은 사람에게는 큰돈을 빌려주기 꺼려합니다. 개인 대 개인, 은행 대 개인, 기업 대 기업이나 국가 대 국가 관계에서도 그렇습니다. 신용도가 낮다는 것은 돈을 갚을 확률이 그만큼 낮다는 뜻이기 때문입니다.

그런데 미국 은행은 신용도가 낮은 사람들에게 신용도가 높은 사람과 똑같이 낮은 금리로 돈을 빌려주었습니다. 저소득층의 주택 구매를 유도하기 위해서였습니다. 당시는 미국 부동산 가격이 가파르게 오르고 있었기 때문에, 은행들은 돈을 빌려간 저소득층들이 나중에 부동산에서 얻은 이익으로 돈을 갚을 수 있을 것이라 생각했습니다. 서브프라임 모기지는 저소득층에게 큰 인기를 끌어 너도나도 돈을 빌렸고, 은행은 채권을 발행해 이곳저곳에서 돈을 끌어 모아 계속해서 대출을 해주었습니다.

집값이 계속 오른다면 문제가 없었겠지만, 치솟기만 하던 집값이 하락하기 시작하면서 사태가 벌어졌습니다. 집값 상승이 지나치게 과열되고 있다고 판단한 정부는 집값을 내리기 위해 금리를 올렸고, 그러자 저금리로 돈을 빌렸던 저소득층은 이자를 갚기가 버거워졌습니다. 집값이 계속 오를 거라고만 생각하고 돈을 빌렸던 사람들은 서둘러 집을 팔려고 들었으나 이미 집값은 하락하고 있었습니다.

이렇게 되자 서브프라임 모기지를 이용해 돈을 대출 받았던 사람들은 은행에 돈을 갚을 수 없게 되었습니다. 대출 받았던 돈을 회수하지 못한 은행들은 채권을 산 투자자들에게 돈을 돌려줄 수 없게 되었습니다. 미국의 가계와 은행, 나아가 은행에 투자한 각국의 기업과 정부들마저도 크게 타격을 받았고, 이로 인해 세계적인 경제위기가 닥친 사건을 '서브프라임 모기지 사태'라고 합니다. 2008년, 미국의 서브프라임 모기지 사태로 전 세계는 경제위기에 빠졌고, 아직까지도 그 영향에서 벗어나지 못하고 있습니다.

물가는 왜 오를까?

집안 살림과 나라 살림이 밀접하게 연결되어 있다는 것은 경제성장률과 물가인상률의 관계를 통해서도 알 수 있습니다. 소위 '장바구니 물가'라고 해서 가계 경제에 지대한 영향을 미치는 물가 이야기를 해봅시다.

물가가 오른다는 이야기는 매일같이 들리지만 물가가 내린다는 말은 듣기가 매우 힘듭니다. 물가가 오르는 이유는 무엇일까요?

물가(物價)란 '물건의 값'이라는 뜻입니다. 물건 각각의 가격을 말하는 것이 아니라 여러 가지 상품이나 서비스의 가치를 종합적이고 평균적으로 본 개념입니다.

물가를 결정하는 요인은 **원가**, **공급**, **수요**입니다.

원가란 상품을 만들고 판매하고 배급하는 데 든 값입니다. 원자재 비용이 가장 대표적입니다. 자동차를 만들기 위해서는 원자재인 각종 금속과 고무, 플라스틱 등이 필요합니다. 이 원자재의 값이 오르면 자동차의 값도 오를 수밖에 없습니다. 노동자에게 지급되는 임금

또한 원가에 포함됩니다. 인건비가 오르면 생산된 상품의 가격도 올라갑니다. 현대 사회가 국제화되며 원자재 등을 수입에 의존하는 경우가 많아졌기 때문에 가격을 통제하기는 더더욱 어려워졌습니다. 수입, 수출이 물가에 미치는 영향력이 커지면서 환율이 물가에 미치는 영향력도 커졌습니다.

공급과 수요도 물가에 영향을 끼칩니다. 수요는 많은데 공급이 적다면 상품의 값이 오릅니다. 반대로 수요는 적은데 공급이 많다면 상품의 값은 내립니다. 인위적으로 공급을 조절하기 힘든 농수산물의 경우 특히 수요와 공급의 영향을 많이 받습니다.

소비자물가 상승률

	2003	2004	2005	2006	2007	2008	2009	2010	2011	2012
소비자 물가	3.5	3.6	2.8	2.2	2.5	4.7	2.8	3.0	4.2	2.2

우리나라 연도별 소비자물가 상승률입니다. 매년 물가가 오르고 있음을 알 수 있습니다. 소비자 입장에서는 물가가 높아지면 보다 절약해야겠다고 생각하게 됩니다.

그렇다면 물가가 떨어진다고 생각해봅시다. 어제 한 개에 1,000원 하던 과자 값이 오늘은 900원으로 떨어진다면, 그리고 그 다음

날에는 800원으로 떨어진다면 사람들은 어떻게 할까요? 가격이 내려갔으니 신나게 과자를 사 먹을 것 같다고요?

물건의 가격이 계속해서 내려가면 사람들은 가격이 더 떨어지기를 기대하며 소비를 하지 않고 가격 하락을 기다립니다. 그러면 소비가 위축됩니다. 위축된 소비를 진작시켜 경기를 상승시키기 위해 물가는 도리어 오르게 됩니다.

소비가 위축되어 사람들이 지갑을 열지 않으면 공급도 위축되고 생산량도 늘일 필요가 없으며 그러다 보면 경제가 침체의 악순환에 빠집니다. 근검절약만 강조했던 옛날과 달리 '소비가 미덕'이라는 말이 있는 이유입니다.

세계 경제를 뒤흔드는 환율

환율 이야기를 하기 위해서는 은행의 역사 이야기를 먼저 해야 할 것 같습니다.

여럿이 돈을 모아 순번을 정해 모인 돈을 가져가는 계(契)를 생각해봅시다. 가장 늦게 돈을 가져가는 사람은 중도에 계가 해체될 위험을 감수하는 대신 가장 많은 돈을 받아 갑니다. 은행도 알고 보면 계와 마찬가지로 익명의 개인들의 돈을 투자받아 그 돈으로 이자를 주는 곳입니다. 먼저 투자받은 돈으로 그 다음에 투자한 사람의 돈에 대한 이자를 주고, 또 다시 그 다음에 투자한 사람의 돈에 대해 이자를 주면서 계속 투자액을 늘려가는 것입니다. 어떻게 보면 '다 단계 판매'와 크게 다르지 않은 시스템입니다.

은행의 원형은 고리대금업이었습니다. 은행을 뜻하는 bank란 단 어는 돈을 빌려주는 사람과 돈을 빌리는 사람 사이에 놓여 있던 작 은 탁자인 banco에서 나왔습니다. 이탈리아의 피렌체, 베네치아는 돈을 빌려주는 대부업이 성행했던 곳입니다. 셰익스피어의 희곡「베 니스의 상인」에 등장하는 샤일록도 대부업자입니다.

약속한 날짜와 장소에서 빚을 갚지 못했으니 위약금 조로 당신 몸뚱이의 한살을 꼭 1파운드만 떼고 싶은 곳에서 베어내겠소!

1400년대, 유럽에서는 무역이 무척 발달했습니다. 프랑스의 상인이 이탈리아로, 이탈리아의 상인이 프랑스로, 스웨덴 상인이 또 이탈리아로……. 각국의 상인들은 자국의 물건을 싸게 사서 외국에 비싸게 팔고자 이곳저곳을 떠돌았습니다.

그런데 문제가 있었습니다. 유럽 각국이 쓰는 화폐가 모두 다르다는 것이었습니다. 당시 이탈리아 화폐 단위는 '피오리노', 프랑스 화폐 단위는 '프랑', 스웨덴 화폐 단위는 '달러'였습니다.

그러니 이탈리아에서 10피오리노인 물건을 프랑스에 팔 때는 몇 프랑에 팔아야 할지, 프랑스에서는 20프랑인 물건을 스웨덴에서는 몇 달러에 팔아야 할지 상인들은 가늠하기가 힘들었습니다.

그럴 때 상인들은 시장 한 구석에서 탁자(banco)를 펴고 앉아 있는 사람을 찾아갔습니다. 이들은 상인들을 대상으로 돈을 바꿔주는 사람들이었습니다. 물건을 주면 그들은 시세에 따라 각 국가의 화폐로 값을 책정해 계산을 해주었고 그 일에 대한 수수료를 받아 이익을 남겼습니다. 이들이 현재 은행의 시초이며, 이러한 환전과 대부업으로 크게 돈을 번 사람이 이탈리아의 비에리 메디치(Vieri de' Medici, 1323~1395) 였습니다. 메디치 가는 이후 금융업 자본의 시초로 이름을 남깁니다.

지금도 은행은 각국의 화폐를 서로 바꾸어주는 일을 합니다. 옛날에는 이탈리아 베네치아에서 통용되던 두카트(ducat) 금화가 유럽

전체에 걸쳐 사용되었습니다. 지금
은 미국의 달러가 세계 어디에서나
사용할 수 있는 화폐가 되었습니다.

미국의 1달러는 대체로 1,100원
안팎, 유럽의 1유로는 1,400원 안팎
으로 환산됩니다. 이처럼 한 국가 통
화와 다른 국가 통화의 교환 비율을
환율이라고 합니다. 환율은 수출, 수
입, 무역에 큰 영향을 끼칩니다. 나
라 살림의 근간이라고도 할 수 있습니다.

달러(위), 두카트 금화(아래)

1달러의 가치가 1,000원이다가 1,200원으로 오르면 '환율이 올
랐다'고 합니다. 환율이 오르면 원화 가치는 내려갑니다. 반대로 환
율이 내리면 원화 가치는 올라갑니다.

여러분이 미국으로 여행을 가게 되었다고 생각합시다. 여비로 100
만 원을 마련했습니다. 1달러가 1,000원이라면 총 1,000달러로 교
환할 수 있습니다. 하지만 환율이 올라 1,200원이 되었다면 800달
러 정도로밖에 교환할 수 없습니다. 따라서 환율이 내리고 원화 가
치가 오르면 달러는 해외로 유출됩니다. 수입에 유리한 상황입니다.
반대로 환율이 오르고 원화 가치가 내리면 달러가 국내로 유입됩니
다. 수출에 유리한 상황입니다.

한국이 무역을 통해 해외에서 달러를 많이 벌고, 해외 투자 자금이 한국 내 주식 시장 등에 많이 들어오면, 한국 내 달러의 유입이 커지고 달러를 원화로 바꾸는 규모도 증가합니다. 달러의 공급이 늘고 원화의 수요가 증가해 달러 가치는 떨어지고, 원화 가치는 올라가서 환율이 내려갑니다.

반대로 한국의 무역 적자가 커져서 달러 해외 유출이 많아지고, 투자 자금 등이 해외로 나가게 되면 한국 내 달러 유출이 커지고 원화를 달러로 바꾸는 규모가 증가합니다. 달러의 수요가 증가하고 원화의 공급이 증가해 달러 가치는 오르고 원화 가치는 내려가 환율이 올라갑니다.

평가절상과 평가절하

금이나 은, 또는 외국 화폐 단위에 대하여 한 나라의 화폐 단위가 지니는 교환가치가 올라가는 것을 '평가절상'이라고 합니다. 환율이 떨어져 자국 통화가치가 높아지는 것과 같아 보이지만, 공급과 수요의 시장 원리에 따라 환율이 오르락내리락하는 현상은 '평가상승'이라고 하며, 평가절상은 일반적으로 고정환율제도(정부가 특정 통화에 대한 환율을 일정하게 고정시키고 이를 유지하기 위해 중앙은행이 외환시장에 개입하는 제도)를 시행하는 국가에서 자국통화가치를 올릴 때 사용하는 말입니다. 반대말은 '평가절하'입니다. 다른 나라의 통화에 비해 한 나라의 통화가치가 지나치게 낮아 지속적으로 무역 흑자를 초래하고 있을 때 평가절상 조치를 취할 수 있습니다.

현재 많은 국가들이 환율을 외환시장의 수요와 공급에 의해 자유롭게 결정되도록 하는 변동환율제도를 이용하고 있지만, 몇몇 나라는 고정환율제도를 시행하고 있습니다.

현재 미국은 중국의 통화인 '위안화'의 평가절상을 지속적으로 요구하고 있습니다. 중국은 고정환율제도를 시행하고 있는데, 미국은 중국과의 무역에서 많은 적자를 보고 있기 때문입니다. 미국의 입장에서는 다른 국가 통화 대비 달러 가치가 하락해야 수출을 많이 해 이익을 남길 수 있습니다. 그러나 현재는 중국 위안화의 가치가 달러 가치에 비해 너무 낮기 때문에 중국은 미국을 상대로 많은 수출을 해 이익을 보지만, 미국은 반대로 수입만을 해 적자를 보게 되어 무역 형평성이 맞지 않는다는 미국의 주장입니다. 중국은 위안화 평가절상을 검토 중에 있습니다.

평가절상은 평가상승과 마찬가지로 대외적으로는 외국 수입상품의 가격을 인하시켜 외국 상품에 대한 구매력을 높입니다. 수입이 증가하고, 수출이 감소합니다. 나라 안의 물가를 떨어지게 만들어 경제 침체를 유발할 수 있습니다. 따라서 평가절상은 대내적으로는 상승한 물가를 내리기 위해, 대외적으로는 수출을 감소시킬 목적으로 실행합니다.

현재 세계 여러 국가들은 경제적으로 아주 밀접하게 연관되어 있습니다. 모든 상품을 자국에서 생산해 자국에서 소비하던 '자급자족'의 시대는 이미 옛날이야기입니다. 우리는 인도에서 만들어진 옷을 입고 유럽산 닭고기를 먹으며 아랍에서 채굴한 석유로 차를 운전합니다. 우리 땅에서 만들어진 상품조차도 환율로부터 자유로울 수는 없습니다. 상품을 만드는 기계를 움직이기 위한 가스와 기름, 각종 식품을 만드는 데 드는 밀가루나 조미료, 기타 원재료 등을 수입에 의존하고 있기 때문입니다. 때문에 우리 물가는 환율에 예민하게 영향을 받습니다. 환율이 지나치게 높아지면 수출 실적은 좋아질지 모르나 수입품 가격이 오르며 국내 물가도 올라 국민들은 괴로움을 겪을 수 있습니다. 환율이 낮아지면 수출 실적은 나빠지지만 국민들의 생활은 좀 더 나아질 수 있습니다. 때문에 환율 정책은 언제나 신중하게 펼쳐져야 합니다.

기축통화란?

지구상에는 수많은 나라가 있고 저마다 쓰는 통화도 다릅니다. 이런 다양한 통화를 원활히 교환하기 위해서는 특정한 기준이 필요합니다. 우리나라는 '원'이라는 통화를 쓰지만 원화는 우리나라에서만 사용 가능할 뿐입니다. 국제적으로 계산의 단위가 되고, 교환의 매개이자 가치를 저장하는 기능을 할 수 있는 통화는 한정되어 있습니다. 이러한 통화를 기축통화(vehicle currency)라고 합니다.

제1차 세계대전 이전까지는 **금**이 기축통화 역할을 했습니다. 각 국가들은 금의 양에 따라 통화를 발행했고, 국제시장에서 통화의 가격 역시 금으로 매겨졌습니다. 금으로 만든 화폐인 금화가 유통되던 시대입니다. 이처럼 금이 세계 화폐의 중심이 되었던 체제를 '금본위제도'라 합니다.

금에는 여러 가지 장점이 있습니다. 어느 국가에서나 보편적으로 가치를 인정받고 있고, 인플레이션 등 각종 경제적 변동이나 전쟁, 천재지변 등 외부 상황에 따라 가치가 변치 않습니다. 그렇기에 금은 오랫동안 세계의 기축통화 역할을 했습니다.

그러나 영국에서 산업혁명이 일어난 이후로 세계 경제는 그 전과 비교할 수 없을 정도로 규모가 커지고 움직이는 속도 또한 빨라졌습니다. 금화는 만드는 데 비용이 많이 들고 시간도 오래 걸렸으며 많은 양을 휴대하기 불편해 새로운 경제 체제에 맞지 않았습니다.

그래서 영국은 자국의 통화인 파운드화를 세계의 기축통화로 만들기 위해 노력했습니다. 지폐는 금화보다 훨씬 많이 찍어낼 수 있고, 운반이나 계산 또한 편리했습니다. 그러나 금으로 거래하는 것에 익숙한 사람들은 지폐의 가치를 쉽게 믿지 않았습니다. 고심하던 영국 정부는 '태환지폐'라는 개념을 만들었습니다. 이는 약간 변형된 금본위제도로 종이지폐의 가격을 금을 기준으로 정한다는 것입니다. 영국의 은행은 파운드화를 금으로 바꿔주는 제도를 실시했습니다. 사람들은 파운드화를 은행에서 금으로 바꿀 수 있었고, 은행 거래도 금으로 했습니다. 당시 금으로 바꿀 수 있는 지폐는 파운드화뿐이었기 때문에 파운드화는 영국의 의도대로 기축통화가 되는 데 성공했습니다.

하지만 돈을 금으로 바꿔주다 보니 은행은 늘 일정량의 금을 보유하고 있어야 했습니다. 보유하고 있는 금 이상의 금액은 대출을 할 수도 없었고, 갑자기 큰 금액을 인출하고자 하는 손님이 방문하면 금을 확보하기에 바빴습니다. 결국 영국 은행은 파운드화를 받고 인출해주는 금의 양을 속이기에 이르렀고, 나중에는 더 이상 파운드화와 바꿔줄 금이 없음을 인정해야 했습니다.

파운드화가 물러나며 새로운 기축통화가 등장합니다. 1944년, 세계 44개국 대표 730명이 미국 뉴햄프셔 주 브레튼우즈에서 회의를 거친 끝에 근대 역사상 처음으로 통화 정책 조절을 위한 국가간 협약을 체결했습니다. 금 1온스를 미국의 통화가치에 비교해 35달러로 고정시킨 것입니다. 그리고 다른 주요 통화들은 고정환율로 달러에 고정되었습니다. 금을 대신하는 화폐를 파운드화에서 달러화로 바꾼 것입니다. 이를 '브레튼우즈 체제'라고 합니다.

그때 미국은 전 세계 금의 80%를 보유하고 있었기 때문에 당시 사람들은 미국이 앞으로도 계속해서 화폐와 금을 교환해줄 수 있을 것이라 생각했습니다. 그러나 시간이 흐르며 미국의 국제수지도 적자를 기록하게 되고, 다른 나라들은 미국이 계속해서 돈을 금으로 바꿔줄 수 있을지 의심하기 시작했습니다. 불안해진 각국 정부가 앞다투어 달러를 금으로 바꾸어줄 것을 요구하자 미국이 보유하고 있던 금도 점차 바닥을 보였습니다. 결국 1971년, 미국은 더 이상 달러와 금을 바꿔주지 않겠다고 선언했습니다. 금본위제도가 끝난 것입니다.

그렇게 브레튼우즈 체제는 끝이 났지만, 미국이 세계 경제의 핵심이 되며 그 뒤로도 달러화는 자연스럽게 기축통화로 사용되게 되었습니다.

그러나 또 다른 문제가 생겼습니다. 달러화가 기축통화가 되면서 미국은 더 이상 재정적자를 두려워하지 않게 되었습니다. 달러를 찍어서 빚을 갚으면 되기 때문입니다. 달러는 오직 미국의 연방중앙은행만 발권할 수 있습니다. 미국은 상품을 수입하거나 타국에서 돈을 빌렸을 때 달러를 새로 찍어내 결제하면 됩니다. 미국이 마음만 먹으면 달러를 찍어 아무 대가 없이 자국민들에게 나누어줄 수도 있습니다.

그러나 이처럼 달러를 마구 찍어낸 결과 달러화의 가치는 예전에 비해 많이 떨어졌으며, 미국의 재정적자는 3조 달러가 넘습니다. 하지만 여전히 달러의 위상은 강력하며 그 가치가 완전히 폭락하는 것을 상상하기는 어렵습니다. 달러 기축통화 체제가 깨지려면 과거에 미국이 영국의 경제 지배력을 빼앗은 것처럼 다른 나라가 미국의 경제 지배력을 완전히 빼앗아야 가능할 것입니다. 유럽은 유럽연합(EU)을 만들어 유로화를 기축통화로 만들려고 했지만 실패했고, 현재는 중국의 위안화가 기축통화의 꿈을 키우고 있습니다.

최근에는 특정 국가의 의도나 상황이 인위적으로 시장을 뒤흔들지 못하도록 다시 금본위제도로 돌아가야 한다는 의견도 주목을 받았습니다.

디플레이션이 불러온 대공황

디플레이션은 인플레이션보다 훨씬 위험한 현상이라고 일컬어집니다. 디플레이션이 과거 제2차 세계대전의 도화선 격이 된 경제 대공황을 야기시켰기 때문입니다.

대공황은 1929년부터 1939년까지 약 10년간 지속된 경제적 침체 기간입니다. 미국에서 시작된 공황이 유럽, 나아가 전 세계에 영향을 끼쳤기 때문에 대공황이라 부릅니다. 대공황의 구체적인 원인에 대해서는 아직까지도 경제학자들마다 의견이 분분합니다. 하지만 몇 가지 공통되는 의견을 찾아볼 수 있습니다.

초기 미국 경제는 자동차, 건설업, 무기산업 등의 특정 산업을 중심으로 발전했습니다. 경제 구조가 몇몇 산업에만 크게 의존하고 있었기 때문에 시대가 변하며 주요 산업 분야가 쇠퇴하기 시작하자 흐름에 대비하지 못하고 경제 침체가 시작되었습니다.

또한 갑작스럽게 경제가 발전하자 부의 분배가 제대로 이루어지지 않았습니다. 경제 규모는 세계에서 가장 커졌지만 미국의 일반 시민들은 생산품을 충분히 구매할 수 있을 정도로 사정이 넉넉하지 않았습니다. 그렇기에 쏟아지는 공급에 비해 실제 수요는 많지 않았습니다.

처음에는 국내 수요가 적다는 것이 크게 문제가 되지 않았습니다. 미국이 한창 경제 발전을 이루던 때는 제1차 세계대전이 벌어지던 시기이기 때문입니다. 전쟁 당시 미국은 유럽에 각종 무기와 물자를 수출해 세계에서 가장 부유한 나라가 되었습니다. 생산한 물건을 국내에서 소비하기보다는 유럽에 수출해 돈을 벌었습니다. 미국의 기업 실적은 늘 상승세였으며, 주가가 많이 올라 너 나 할 것 없이 주식에 투자하는 사람들이 많았습니다.

하지만 전쟁은 영원하지 않습니다. 전쟁이 끝난 뒤 미국 경제는 정체되기 시작했습니다. 한동안은 전쟁 직후라 모든 것을 재건해야 했던 유럽 쪽에 생산품들을 수출할 수 있었지만 유럽 경제가 회복한 뒤로는 물건을 수출할 길이 막혀버렸습니다.

생산되는 무기와 기타 물자들은 수출할 길이 없어 창고에 재고로 쌓였습니다. 물건을 많이 만들 필요가 없어진 기업들은 노동자들을

해고했고, 실업률은 점점 높아졌습니다. 이처럼 기업 실적이 나빠지자 주가가 떨어지기 시작했고, 주가가 앞으로 계속 떨어질 것이라는 불안감에 사람들이 앞다투어 주식을 팔면서 주가가 폭락했습니다. 주가가 폭락하며 여러 기업들이 도산했고, 기업들이 도산하자 기업들에게 돈을 빌려준 은행들도 문을 닫아야 했습니다. 대공황 당시 미국의 실업률은 전체 인구의 30%에 이르렀습니다. 경제적 공황 상태에 빠진 미국이 유럽 각국에 빌려준 돈을 갚으라고 재촉하자 대공황의 여파는 유럽에까지 번지게 되었습니다. 일련의 과정을 살펴보면 결국 대공황을 유발한 가장 큰 원인은 **미국 국내 소비의 위축** 때문이라고 볼 수 있습니다.

미국 사회는 노동자를 저임금으로 고용해 자본을 축적하고 있었습니다. 이러한 사회 형태는 공급은 늘지만 소비는 위축되는 현상을 초래합니다. 저임금 노동자들은 원활한 소비를 할 수 없기 때문입니다.

공급은 많은데 수요가 위축되다 보니 상품 가격은 하락했고, 경기 침체에 따른 디플레이션이 발생했습니다. 상품 가격 하락으로 인해 기업 투자가 위축되고, 실업률이 증가했으며, 경기침체의 악순환이 지속되었고, 이것이 대공황의 시발점이 되었습니다.

스태그플레이션을 발생시킨 오일쇼크

1970년대 전까지 자본주의 경제에서는 경기가 좋으면 물가가 상승하고, 경기가 나쁘면 물가가 떨어지는 현상이 나타났습니다. 그래서 경제학에서는 인플레이션과 실업률은 한쪽이 높아지면 한쪽이 낮아진다고 생각해왔습니다.

그러나 1970년대에 높은 인플레이션과 높은 실업률이 공존하는 현상이 발생했습니다. 이 현상은 기존 경제이론으로 설명할 수 없었기에, '스태그플레이션'이라는 새로운 용어가 탄생했습니다.

현재까지 석유를 가장 많이 보유하고 있는 국가는 중동 국가들입니다. 1973년, 중동 지역은 이스라엘과 중동 국가들의 영토·종교 분쟁인 제4차 중동전쟁을 치르고 있는 중이었습니다. 그러던 중 페

르시아 만에 위치한 석유 수출국 여섯 나라가 원유 가격을 17% 인상하겠다고 고지합니다. 그리고 이스라엘이 팔레스타인 땅에서 물러나지 않으면 매월 석유 가격을 5%씩 올리겠다고 선포했습니다.

거의 모든 석유 공급을 중동에 의지하고 있던 세계 산업은 모두 큰 위기를 맞이할 수밖에 없었습니다. 석유 값이 오르자 대부분의 원자재 값이 크게 상승했고, 기업들은 손해를 최소화하기 위해 생산품의 가격을 올리고 노동력은 절감했습니다. 이 사건을 '오일 쇼크(oil shock)'라고 합니다. 이로 인해 물가와 실업률이 함께 오르는 '스태그플레이션'이 발생했습니다.

이 시기, 경제적으로 선진국이라 불리는 대다수의 국가들이 마이너스 성장률을 기록했으며, 이로 인해 경제가 빠른 속도로 성장하던 세계적 '고도 성장기'도 끝을 맞이했습니다. 오일쇼크는 스태그플레이션을 유발했을 뿐 아니라 자원을 정치적으로 이용할 수 있다는 사실을 널리 주지시키고, 경제 발전에 있어서 환경 문제를 인식하게 했다는 점에 의의가 있습니다.

1979년에는 2차 오일쇼크가 벌어졌는데, 우리나라는 2차 오일쇼크 때 큰 타격을 받았습니다. 1970년대 초반에는 농업과 경공업이 산업의 중심이었지만 1980년대 전후로 산업 구조가 석유가 많이 필요한 중공업 중심으로 바뀌었기 때문입니다. 당시 고도 성장 중이었던 우리나라는 경제성장률은 마이너스이면서도 물가는 10% 이상 상승하는 스태그플레이션 상태를 경험하게 되었습니다.

06

현대 경제를
이해하기 위한 개념들

"경제 별 것 아니네. 이쯤 공부했으니 이제 신문도 술술 읽을 수 있겠는걸?"

자, 이제 슬슬 이런 생각이 들지 않나요? 여러분은 지금까지 경제에 대한 다양한 개념을 공부했습니다. 경제의 법칙부터 시작해 수요와 공급, 시장경제, 환율, 세금, 고용 형태까지 훑어보았으니 머리속에 대략적이나마 '경제'라는 녀석의 그림이 그려졌을 것입니다. 그중에서 특별히 흥미를 느낀 부분이 있을 수도 있습니다.

그러나 막상 텔레비전 뉴스를 보거나 신문을 펼쳐들면 여전히 경제는 어렵고 복잡한 무언가로만 다가올 것입니다. 열심히 공부를 했는데 왜일까요?

바로 경제에 관련한 '용어'를 모르고 있기 때문입니다.

주식이 뭔지 알아도 코스피와 코스닥이 무엇인지 모르면 주식에 관련한 글 내용을 이해하기 어렵습니다.

재벌의 사업 확장이 문제라는 비판을 보아도, 재벌과 사업 확장이 무엇이며 어떻게 이루어지는지 몰라서는 그 비판에 자기 의견을 낼 수 없습니다.

요즘 공공산업을 민영화하느냐 마느냐로 다투느라 시끌벅적합니다. 그런데 민영화가 뭔지 모르는 상태에서 그 사안에 대해 찬반을 논할 수 있을까요?

아무리 영어 문법 공부를 열심히 해도 단어를 모른다면 영어 실력이 늘지 않습니다. 경제도 마찬가지입니다. 전반적인 개념과 경제적 흐름을 이해했더라도 경제학에서 자주 쓰이는 단어들을 모른다면 쉬운 내용도 이해하기 어려워집니다.

경제학은 이제 '돈'에만 국한된 학문이 아닙니다. 왜냐하면 자본주의 사회에서는 모든 분야가 돈과 이어져 있기 때문입니다. 경제학은 지금 내 주변에서 일어나고 있는 일, 나아가 전반적인 사회의 흐름을 파악하고 이해하기 위한 기초가 되는 학문이 되었습니다.

이제는 지금까지 공부한 경제학적 개념을 좀 더 빠르고 쉽게 간파할 수 있는 용어들에 대해서 공부해보도록 하겠습니다.

코스피와 코스닥

주식을 직접 거래해본 적이 없는 사람이라도 '주식'이란 말은 들어본 적 있을 것입니다. 주식은 일반적으로 두 가지 뜻으로 쓰입니다. 첫 번째 뜻은 '자본을 구성하는 단위'입니다. 어떤 회사를 세울 때 사람들이 돈을 투자하면, 회사는 투자자들에게 투자한 액수에 따라 자본을 나누어줍니다. 이 나눠 가진 자본이 바로 주식입니다. 그래서 투자 기여도가 큰 사람일수록 많은 주식을 갖습니다.

두 번째 뜻은 '주주로서 권리를 행사할 수 있는 권한의 증표'입니다. 내가 A회사의 주식을 샀다면 나는 A회사의 주주로서 권리를 갖습니다. 주주가 되면 회사의 운영에 개입할 일정한 권리를 가집니다. 회사가 발전하면 할수록 그 회사에 대한 권리를 가지고 싶어하는 사람이 많아집니다. 그 과정에서 주식의 가격이 올라가고 매매가 활발히 이루어집니다. 반대로 회사 운영이 잘되지 않아 실적이 떨어지면 그 회사에 대한 권리를 원하는 사람들도 줄어들기 때문에 주식의 가격도 내려갑니다.

기업들은 대기업이든 중소기업이든 규모와 관계없이 회사를 상장할 수 있습니다. 상장(上場)이란 말 그대로 '시장에 올라간다'는 뜻으로, 주식시장에 자사의 주식을 발행해 내놓는 것을 말합니다. 상장한 회사를 '주식회사'라고 하며, 주식회사는 발행한 주식을 주주나 일반투자자들에게 판매해 자금을 조달할 수 있습니다.

기업들이 상장을 하는 이유는 증권이 거래소에서 매매되면 그 증권을 발행한 회사의 사회적 평가가 높아지기 때문입니다. 평가가 높은 기업수록 자본을 모으고 돈을 빌리는 등 투자 받기가 쉬워집니다. 투자자들은 상장된 회사를 어느 정도 믿고 주식을 거래하기 때문에 한 회사가 상장을 하기 위해서는 거래소에서 세운 상장 기준을 통과해야 합니다.

코스피(KOSPI, Korea composite Stock Price Index)는 상장된 대기업들의 주식을 모두 합쳐 주가의 등락을 나타내는 지표입니다. 예전에는 종합주가지수라고 불렀습니다. 코스닥(KOSDAQ, Korea Securities Dealers Automated Quotation)은 벤처기업이나 중소기업 전체 주식의 주가 등락을 나타내는 지표입니다.

우리나라에서 상장된 기업들의 주식의 가치, 즉 주가는 대략 1,000조 원입니다. 우리나라 주식시장의 규모가 1,000조 원 정도라는 뜻이 됩니다.

코스피 지수는 주가의 등락을 보여줄 뿐 아니라 나라의 경제 상황을 나타내는 지표도 됩니다. 주가는 결국 국가 경제의 흐름에 따라 오르내림을 반복하기 때문입니다.

우리나라가 처음으로 코스피 지수를 활용하기 시작한 것은 1980년 1월입니다. 당시 '100'이었던 코스피 지수가 지금은 2,000 안팎을 넘나들고 있습니다. 그만큼 우리나라의 경제 규모가 커지고 발달했음을 알 수 있습니다.

하지만 주가는 매시 매초 변합니다. 지금 주가가 높다고 해서 내일도 주가가 높으리라는 법은 없습니다. 1997년 IMF 외환위기가 닥쳐왔을 때는 여러 기업들이 도산하며 700이던 코스피 지수가 300으로 폭락했습니다. 2008년에는 미국에서 시작된 세계적 금융 위기를 맞으며 2,000가량이었던 코스피 지수가 800으로 폭락하기도 했습니다.

주가가 높을 때 주식을 산 사람은 주가가 낮아지면 큰 손해를 보게 됩니다. 반대로 주가가 낮을 때 주식을 산 사람은 주가가 오르면 큰 이익을 봅니다. 때문에 주식을 거래하는 사람들은 주가가 언제 오르고 언제 내릴까에 대해서 치밀하게 분석하고 판단해야 합니다. IMF 외환 위기나 2008년 글로벌 금융 위기의 주가 폭락 시기에 주식을 사들여 돈을 번 사람들도 있습니다.

또한 코스피 지수가 낮아져도 특정 기업의 주가는 오를 수도 있고, 코스피 지수가 올라가도 특정 기업의 주가는 내려갈 수 있습니다. 그러니 코스피 지수의 등락과 더불어 경제 흐름에 따라 어떤 기업의 주가가 특별히 오르고 내릴 것인지도 내다보아야 합니다.

코스피 지수는 우리나라에서 대기업들이 권력화한 이유를 살펴볼 수 있는 지표이기도 합니다. 현재 삼성전자는 주가 총액의 규모가 200조 정도에 달합니다. 전체 주가가 1,000조 원 정도이니 삼성전자 주식의 가치가 우리나라 주식시장 가치의 1/5에 해당하는 것

입니다. SK, 삼성전자 등 대기업들의 주가는 코스피 지수와 크게 직결됩니다. 몇몇 대기업의 주가가 오르는가, 내리는가에 따라 전체 코스피 지수가 출렁이는 것입니다.

'삼성전자 효과'라는 말이 있습니다. 삼성전자가 투자하거나 삼성과 협력관계를 맺는 기업들의 주가가 급등하는 현상을 가리킵니다. 이는 특정 대기업 하나가 시장 자체를 뒤흔들 수 있는 힘을 가지고 있다는 뜻이며, 이런 경향이 심해질수록 기업은 권력을 가지게 됩니다.

그렇다면 기업이 무소불위의 권력을 가질 때, 그 권력을 통제할 수 있는 것은 누구일까요? 또, 기업이 권력을 행사하는 사회는 과연 어떤 모습을 하게 될까요? 기업은 경제적 이익을 추구하는 집단입니다. 자본주의 사회에서 인정받는 가치는 오직 '경제적 이익'임을 앞에서도 말한 바 있습니다. 기업의 권력화는 그런 경향을 억제할까요, 더욱 부추길까요? 그것을 통제하려면 어떤 방법을 써야 할까요?

기업들이 만들어내는 이익과 시장이 커지고, 경제지표가 상승할수록 사람들은 '경제가 발전하고 있다'는 말에 취해 자신이 무엇을 바라보아야 하는지 잊을 수 있습니다. 경제학 공부는 경제 변화의 흐름 속에서 냉정하고 객관적으로 세상을 바라보기 위한 방법 중 하나가 될 수 있습니다.

회사의 종류

- **주식회사** – 주식의 발행으로 설립된 회사. 주주가 출자해 자본을 확보하며, 자본금은 투자비율에 따라 주식으로 나누어 갖습니다. 주주는 출자 의무만을 부담하며 회사 채무에는 아무런 책임도 지지 않습니다. 만일 회사가 도산할 경우 주주는 투자한 금액을 돌려받지 못하지만 채무를 갚을 의무는 지지 않습니다. 세계 최초의 주식회사는 1602년 네덜란드가 동인도에 세운 동인도회사입니다.

- **유한회사** – 사원이 회사에 대한 출자 금액의 한도 내에서 채무에 대한 책임을 지며, 회사 채권자에 대해서는 아무 책임도 지지 않는 사원으로 구성된 회사입니다. 만일 회사가 도산할 경우 사원은 출자한 금액만큼은 채무에 대한 책임을 져야 하지만, 출자 금액을 넘어간 채무에

Tip Box

대해서는 책임을 지지 않습니다.

● **합명회사** - 사원이 회사의 채무를 채권자에 대해 직접 연대해 변제할 무한책임을 가지고 있는 회사입니다.

● **합자회사** - 유한책임사원과 무한책임사원이 함께 있는 구조의 회사로, 유한회사와 합명회사를 합친 형태의 회사입니다.

기업국가

'국가'라는 말은 정의하기가 상당히 어려운 말입니다. '정부'와 혼동되어 쓰이기도 하고, '민족'과 혼동되어 쓰이기도 합니다. 국어사전에는 국가를 '일정한 영토와 거기에 사는 사람들로 구성되고, 주권(主權)에 의한 하나의 통치 조직을 가지고 있는 사회 집단'이라고 정의하고 있습니다. 또한 국가가 되기 위해서는 국민, 영토, 주권의 세 가지 요소가 필요하다고 말합니다.

1992년, 다양한 국가 개념을 선보인 학자가 등장합니다. 미국의 경영학자이자 미래학자 피터 드러커(Peter Ferdinand Drucker, 1909~2005)입니다. 그는 경영(Management)을 학문으로서 확립해 현대 경영학을 창시하고 수립한 학자로 평가받습니다. 그는 기업이 사회를 구성하는 중요한 조직이라 생각했고, 기업은 영리를 추구하는 경제적 조직인 동시에 사회공동체적 조직으로서 역할한다고 주장했습니다. 때문에 경영자는 경제적 재원을 효율적으로 운용하고 관리해 경제적 성과와 인간의 생활을 보다 향상시킬 수 있다고 여겼고, 미래에는 지식사회가 도래할 것이라고 예견하기도 했습니다.

드러커는 주권 국민국가, 유모국가, 조세국가, 냉전국가, 복지국가, 보조금국가, 거대국가 등 다양한 국가 개념을 선보였습니다.[8] 드러커의 말에 따르면 시민사회를 보호하기 위해 등장한 국가가 주권 국민국가입니다. 그러나 주권 국민국가가 유모국가, 조세국가, 냉전국가, 복지국가, 보조금국가를 거치면서 거대국가로 변모해 오히려 국가가 시민사회의 주인이 되어버렸다고 합니다.

유모국가란 국가가 국민들을 요람에서 무덤까지 돌봐주는 복지국가를 뜻합니다. 조세국가는 국가가 쓸 돈을 세금에서 조달하는 국가입니다. 세금을 얼마나 어떻게 걷을 것인가, 세금을 어느 부분에 부과할 것인가 하는 것은 매우 중요한 문제인데, 예전에 실제로 영국에서는 정부가 쓸 돈이 없어지자 각 집의 창문 크기에 따라 창문세를 걷기도 했습니다.

보조금국가란 지방 공공단체의 독자적인 재원을 초과하는 부분에 대해 국가가 보조금을 지원하는 것입니다. 이 보조금을 '교부금'이라 합니다. 하지만 정부도 빚이 많으면 지방자치단체에 교부해줄 보조금이 부족해집니다. 이런 상황이 '재정적자'입니다. 전 세계적으로 경기침체에 빠져 있는 요즘은 정부도 지자체도 가계도 빚이 늘어가고 있습니다.

재정은 적자라고 하지만 각 시장 규모는 커졌습니다. 정부는 돈이 없다고 하지만 시중에 돌고 있는 돈은 많습니다. 그렇다면 그 많은 돈은 다 누가 가지고 있는 걸까요?

기업들이 가지고 있습니다. 지금은 국가보다 기업이 더 비싼 시대라고 합니다. "국가는 곧 기업"이라고 외치는 정치가도 있습니다.

세계 200대 기업의 전체 매출액을 합치면 GDP 규모 상위 10대 국가(미국, 일본, 중국, 독일, 프랑스 등)를 뺀 나머지 국가의 GDP 규모를 모두 합친 금액보다 많다고 합니다. 그리고 200대 기업의 매출총액

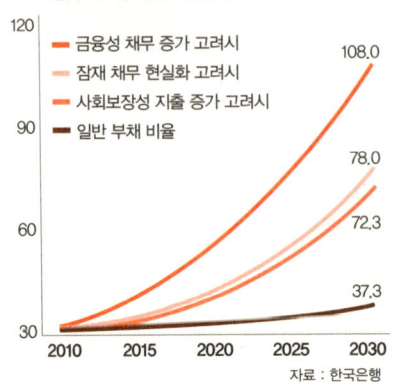

정부부채비율 전망(단위:GDP대비%)

- 금융성 채무 증가 고려시
- 잠재 채무 현실화 고려시
- 사회보장성 지출 증가 고려시
- 일반 부채 비율

108.0
78.0
72.3
37.3

자료 : 한국은행

가계대출 증가액

7조1천
7조9천
8조1천
9조
6조8천
9조2천

2006 2007 2008 2009 2010 2011

자료 : 금융감독원

은 전 세계 인구의 24%에 이르는 12억 빈곤층 연 수입의 18배에 이르는 규모라고 합니다.

기업이 정부를 압도하는 시대가 왔습니다. 기업 규모가 거대해지고 가진 힘이 막강해졌기 때문입니다. 이런 양상의 국가를 두고 기업국가(corporate state), 혹은 기업사회라고 합니다. 기업국가에서 정부는 기업의 눈치를 보고, 기업은 정부의 정책 결정에 과도한 영향력을 행사합니다. 정부는 기업의 영향력을 규제하려고 하지 않습니다. 오히려 규제를 철폐하고 법인세 감세 등 기업에 유리한 정책을 실시합니다.

기업을 규제하는 법안으로는 대표적으로 출자총액제한제도(출총제)가 있습니다. 출총제란 한 회사가 다른 회사의 주식을 매입해 보유할 수 있는 총금액을 제한하는 제도입니다. 출자총액을 제한하는 이유는 자금을 많이 가지고 있는 재벌들이 기존 회사의 자금으로 다른 회사를 쉽게 설립하거나 혹은 다른 회사를 쉽게 인수함으로써 기존 업체의 재무구조를 악화시키고 마구잡이로 규모를 확장하는 것을 막기 위해서입니다.

우리나라는 원래 대기업이 보유 자금의 25% 이상을 다른 회사에 출자할 수 없도록 하고 있었으나, 2006년에는 한도를 40%로 높이고 2007년에는 출총제를 폐지해 대기업의 순환 출자를 허용했습니다.

출총제는 폐지될 때는 물론, 폐지된 지금까지도 논란이 거센 부분입니다. 출총제를 유지해야 한다는 의견과 되살려야 한다는 의견이 치열하게 부딪히기 때문입니다.

출총제를 다시 시행해야 한다는 입장은 다음과 같습니다. 대기업의 순환 출자가 가능해지면 중소기업이나 영세상인들은 더더욱 힘들어집니다. 대기업들이 대부분의 사업 분야를 장악해버릴 수 있기 때문입니다. 1997년 IMF 외환위기가 대기업의 무분별한 투자에서 비롯된 것이므로 이러한 위기 재발을 방지하기 위해 출총제는 반드시 필요하다는 의견도 있습니다. 출총제가 없다면 대기업은 어떤 규제도 없이 자유롭게 투자를 할 수 있게 되기 때문입니다.

출총제 폐지에 찬성하는 사람들은 출총제가 부실 기업의 퇴출을 더디게 만들고 기업의 활동과 투자를 위축시켜 경제 발전을 방해한다고 주장합니다. 규제가 없어져야 더 많은 투자를 하고, 새로운 일자리와 경제 효과가 만들어진다는 것입니다. 이 의견은 특히 출총제 폐지를 원하는 기업 측의 주장으로, 기업 측은 규제를 없애면 사회 투자를 늘리겠다는 입장을 내세웁니다.

그러나 2007년, 정부가 기업들의 투자 활성화를 기대하고 출총제를 폐지했음에도 불구하고 대기업의 사회 투자는 눈에 띄게 늘어나지 않았습니다. 정부는 앞에서 살펴본 낙수효과를 기대했으나 오히려 빈부양극화가 심해져 정부가 기업에게 "투자를 해 달라"고 부탁을 해야 할 정도였습니다.

정부가 기업들의 활발한 투자를 위해 출총제를 폐지하고 수출에 유리하도록 고환율 정책을 펼치자 10대 대기업의 유보금, 즉 회사 안에 쌓아 놓은 돈이 340조 원을 넘으며 사상 최대를 기록했습니다. 그러나 그 돈은 사회 투자보다는 자사의 산업을 확장하는 데 쓰여 계열사가 빠른 속도로 늘어났습니다. 언젠가부터 골목 슈퍼마켓 간판에도 대기업 로고가 그려진 모습이 자주 보이게 된 데는 이러한 이유가 숨어 있답니다. 나중에는 동네 분식집이나 빵집 등 각종 작은 가게들도 모두 대기업 계열사 외에는 살아남지 못할지도 모릅니다.

소비자 입장에서는 그런 움직임에 무슨 문제가 있는지 와닿지 않을 수도 있습니다. 오히려 대기업에서 운영하는 가게가 더 믿을 만하다고 생각할 수도 있습니다. 그러나 이처럼 사업 분야를 확장할 수 있는 자본력을 가진 대기업의 숫자는 전체 사업자 수에 비해 아주 적습니다. 대기업이 특정 사업 분야를 모두 잠식한다면 결국 소비자의 선택폭이 대기업의 숫자만큼 줄어들게 된다는 뜻입니다. 지나친 기업 친화 정책이나 자유경쟁의 유도는 오히려 독점을 불러와 시장 상품의 다양성을 없앨 가능성이 높습니다.

재벌

기업국가가 '국가'의 개념이라면 그 국가를 운영하는 사람이 있을 것입니다. 기업국가를 만드는 사람들이 바로 재벌입니다.

재벌이란 '재계에서, 여러 개의 기업을 거느리며 막강한 재력과 거대한 자본을 가지고 있는 자본가·기업가의 무리'라고 정의됩니다. 우리나라 경제는 이 재벌들 위주로 성장해 왔습니다.

기업에 유리한 정책은 곧 재벌에 유리한 정책입니다. 앞에서 말한 출총제 폐지 역시 재벌들에게 유리한 방향의 정책입니다.

일례로, 우리나라에서 가장 큰 기업인 삼성 그룹을 경영하고 있는 이씨 일가가 가진 삼성 내 자본 지분은 모두 합쳐 3% 정도밖에 되지 않습니다. 삼성 그룹뿐만 아니라 많은 대기업을 사실상 책임지고 있는 재벌 총수들의 지분은 대부분 5% 이하입니다.

이것은 '계열사'를 이용한 순환 출자를 이용했기에 가능한 일입니다. 누군가 A라는 기업을 세운다고 칩시다. 이 기업을 세우는 데는

10억이 필요합니다. 총수가 5억 원을 투자해 A라는 기업에 대한 지분을 절반 차지했습니다. A라는 기업은 또 5억 원을 출자해 B라는 계열사를 세웁니다. 그리고 B라는 계열사는 또 5억 원을 출자해 C라는 계열사를 세웁니다. 만일 계열사 다섯 개를 세운다면 총수 개인은 5억 원을 투자해 50억 원 규모의 그룹을 지배하게 됩니다. 이때 가장 나중에 세운 계열사의 지분 5억 원을 다시 모기업인 A가 사들인다면 결국 총수의 투자금은 0원에 다다르게 됩니다. 이런 일이 허용되는 것이 기업국가입니다.

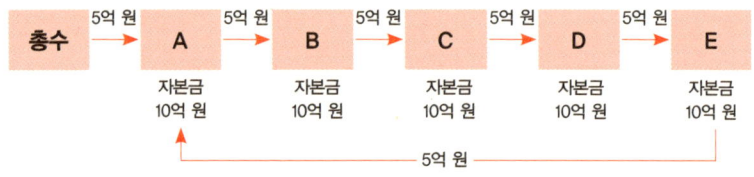

계열사 늘리기가 반복될수록 기업의 규모는 커지고, 재벌 총수가 실질적으로 지배하는 금액 규모 역시 불어납니다. 그러나 실질적으로는 재벌 개인은 모기업에만, 그것도 비교적 적은 돈을 투자했을 뿐입니다. 개인이 가진 지분은 A라는 모기업 지분의 절반일 뿐이지만, 실제로는 모든 계열사들을 실질적으로 지배하는 것과 다름없이 되는 것입니다. 계열사들은 서로의 지분을 사고 팔며 '그룹'의 몸집을 계속해서 불릴 수 있습니다.

이처럼 재벌들이 소유한 기업에 대해 지나치게 적은 지분만을 소유하고 있는 상황에 대해 우려의 목소리가 높습니다. 책임감 있는 경영이 보장되지 않는다는 이유에서입니다. 실질적으로 기업 소유주의 돈이 기업에 거의 투자되지 않았고, 계열사 늘리기를 반복해 외부에서 투자 받은 돈으로만 운영이 되는 상황이기 때문에 기업 운영의 성실성이나 투명성에 대한 기대를 할 수 없다는 것입니다.

지금처럼 대기업을 좌지우지하는 총수의 지분이 5% 이하라면 어떤 문제가 벌어질까요? 자금력을 이용해 무분별하게 사업을 확장한 다음, 손해가 나거나 경영이 생각처럼 잘되지 않으면 곧바로 무책임하게 폐업하거나 다른 기업에 팔아넘길 수 있습니다. 이렇게 되면 대기업에 연계되어 있는 관련 중소기업들, 그리고 고용되어 있던 노동자들이 한 순간에 거래처와 직장을 잃게 되어 많은 혼란이 일어납니다. 고용 형태가 정규직에서 비정규직과 계약직으로 이동하고 있는 이유는 인건비를 절감하기 위해서이기도 하지만, 기업들이 이익이 나지 않는 사업 분야를 빠르게 정리하기 위해서이기도 합니다. 이익이 나지 않는다고 판단하는 순간, 다른 방책을 도모하거나 새로운 활로를 찾기보다는 도마뱀 꼬리를 자르듯이 구조 조정을 해버리는 것입니다.

또, 실질경영자의 지분이 적은 기업은 외부의 공격에 상대적으로 더 무방비합니다. 지금 우리는 경제적 국경이 없는 세상을 살고

있습니다. 외국에 본사가 있는 외국계 기업이 우리나라에 들어오기
도 하고, 우리나라 기업이 외국에 지점을 마련해 나가기도 합니다.

따라서 최고 경영자가 안정적인 경영권을 확보하지 않으면 자칫
외국 기업에 회사를 빼앗길 수도 있습니다. 만일 우리나라 주식 규
모의 20%를 차지하고 있는 삼성 그룹의 지분을 외국계 기업이 지
배하게 된다면 우리나라 경제는 어떻게 될까요? 특정 거대 기업이
국가 경제를 좌지우지하는 상황의 위험성에 대해 한번 생각해보시
길 바랍니다.

실제로 2003년, '소버린 사태'로 불리는 사건이 발생한 적 있습니
다. 뉴질랜드 기업인 '소버린'은 우리나라 대기업인 SK의 주식을 사
들여 나중에는 전체 지분의 15%를 차지하게 되었습니다. 그리고 나
자 SK와 소버린 사이에는 경영권을 두고 다툼이 일어났습니다. 소
버린이 SK의 경영권을 가지고자 했기 때문입니다. 법적 다툼 끝에
SK가 경영권을 지키는 데 성공했지만, 소버린은 약 1,000억 원을
투자해 8,000억 원이라는 큰 이익을 보았습니다. 우리나라 입장에

서 보면 나라의 자산이 허무하게 외국으로 유출된 것입니다. 단 1천억 원을 투자해 수십조 원 규모 그룹의 경영권까지 위협할 수 있었던 것은 바로 이런 불안정한 재벌 경영 구조에 있습니다.

민영화

기업에게 유리한 정책이 우리가 체감하는 경제 상황에 어떻게 영향을 끼치는가를 부분적 사례로 살펴보면 아래와 같습니다.

기업 법인세 감세 ⋯▸ 세금 부족 ⋯▸ 부족분을 채우기 위해 공기업 매각 ⋯▸ 공기업 민영화 ⋯▸ 교통·항공 요금 등 인상

각종 공공부문 사업을 민간기업의 사업으로 바꾸는 '민영화'는 늘 뜨거운 감자입니다. 각종 공공혜택을 축소하는 방안도 그렇습니다.

현재 우리나라는 국민들의 생활에 반드시 필요한 용역들을 정부에서 관리해 누구나 저렴하게 사용할 수 있도록 돕고 있습니다. 철도, 도로, 의료 서비스, 물과 전기, 가스 제공 등이 대표적인 분야입니다. 예를 들어 철도의 경우, 본래 '철도청'이라는 정부 부처에서 관리하다가 2005년에는 '철도공사'로 바뀌었고, 지금은 '코레일'이라는 공기업의 형태로 운영되고 있습니다. 우리나라 철도는 오직 국가가 소유한 국유 철도뿐이었으나 최근에는 민간기업이 운영하는 단거리 철도가 몇 개 생겨났습니다.

공기업은 국가 또는 지방공공단체의 자본에 의해 운영되는 기업입니다. 공기업도 사기업과 같이 이윤을 남기기 위해 노력하지만, 공기업의 첫 번째 목적은 이윤 추구보다는 공익성의 추구입니다. 필요한 공공 재화나 용역은 적자를 보더라도 생산하며, 국민의 생활에 반드시 필요하지만 투자에 비해 이윤을 남기기 어려운 사업, 공공성이 강하지만 독점되기 쉬운 사업을 담당합니다. 때문에 정부에서 자유시장경제, 기업 친화적인 정책을 늘리면 늘릴수록 공기업의 입지는 좁아질 수밖에 없습니다. 또, 기업들의 세금을 감면해주면서 전체 세금 수입이 부족해지면 모자란 세금을 채우기 위해 정부는 소유하고 있던 공기업을 민간기업에 팔기도 합니다.

민간기업은 공기업의 사업 분야를 늘 탐내고 있습니다. 공공사업은 수요가 분명히 확보되는 사업이기 때문에 민간기업에서 유치할 경우 막대한 이익을 만들어낼 수 있기 때문입니다 .

민영화를 찬성하는 사람들은 공기업이 경영을 방만하게 할 가능성이 높다는 점, 경영체제가 불투명하다는 점을 문제 삼습니다. 공기업은 사실상 정부의 관리를 받고 있고, 사업 분야를 독점하고 있기 때문에 경쟁 상대가 없습니다. 손해를 보더라도 정부에서 예산을 지원해줍니다. 따라서 치열한 경쟁에서 살아남느라 노력하는 민간기업과 달리 경영이 방만해진다는 것입니다. 그리고 정부 부처의 관리를 받기 때문에 종종 '낙하산' 문제에 휘말리기도 합니다. 정부에서 일하던 공무원이나 관료들이 별다른 전문성이나 능력 검증도 없이 공기업 일자리를 차지하는 문제입니다. 민영화를 찬성하는 사람들은 민영화가 이런 경영상 불투명을 해소하리라 봅니다. 공공사업 분야를 민영화하면 여러 기업이 생산을 하게 될 것이기 때문에 독점이 이루어지지 않아 경쟁이 일어나고, 그러면 생산의 질은 높아지고 가격은 낮아진다는 것이 민영화를 찬성하는 사람들의 의견입니다.

반면 민영화를 반대하는 입장에서는 현실에서의 사례를 예로 듭니다. 실제로 민영화는 꾸준히 진행되고 있기 때문에 사례를 찾기가 그리 어렵지 않습니다.

우리는 아플 때 병원에 갑니다. 현재 우리는 국민이라면 누구나 국민건강보험공단에서 제공하는 의료보험 혜택을 받고 있기 때문에 비교적 저렴한 비용으로 병원 치료를 받을 수 있습니다.

하지만 이 의료보험을 민영화하려는 움직임이 계속되고 있습니다. 실제로 의료보험을 민영화한 국가로는 대표적으로 미국이 있습니다. 미국은 공공의료보험이 없어 국민 개개인이 민간기업에서 제공하는 의료보험에 가입해야 합니다.

가난한 사람은 의료보험 가입 자체가 되지 않아 보험 혜택을 받지 못합니다. 또한 보험료 역시 공공보험과는 비교할 수 없을 정도로 높

습니다. 더욱 큰 문제는 보험 가입 조건이 까다롭다는 것입니다. 민간
기업은 공공의 이익이 아니라 기업의 이윤을 남기기 위해 운영되기
때문에 차후 지출이 발생할 듯한 일은 처음부터 방지하려고 합니다.

예를 들어 암에 걸렸을 때를 대비한 보험을 들려고 해도, 그 사람
에게 지병이 있어 다른 사람보다 암에 걸릴 확률이 높다면 그 사람은
보험에 가입하기 힘듭니다. 암에 걸릴 확률이 높기 때문에 누구보다
보험 혜택이 필요한데도 민간기업은 손해를 보기 꺼려하기 때문에
병에 걸릴 확률이 높은 사람의 가입을 거절하는 것입니다. 의료보험
혜택을 받지 못하기 때문에 맹장염, 충치 치료 등을 목적으로 병원
에 가도 몇 백만 원의 치료비를 부담해야 합니다. 민간기업의 이윤
추구가 국민 전체의 건강을 위협할 수 있는 것입니다.

의료보험뿐 아닙니다. 우리나라는 현재 한국수자원공사에서 국가

의 물 산업을 담당하고 있습니다. 우리는 지금 대부분 저렴한 비용으로 깨끗한 물을 사용할 수 있습니다. 하지만 이 물 산업 또한 민영화가 가능합니다. 프랑스는 수도사업을 민영화했다가 물값이 폭등해 다시 국유화로 돌아온 적이 있습니다. 볼리비아라는 나라는 다국적 기업인 '벡텔'이라는 곳에 자국의 수도사업권을 넘겼습니다. 그러자 물값이 35% 인상되었고, 볼리비아 사람들은 월급의 절반을 물값으로 쓰는 상황에까지 이르렀습니다. 결국 볼리비아 주민들은 폭동을 일으켰고, 벡텔이 철수하는 것으로 사태는 끝났습니다. 이는 성급한 민영화가 어떤 결과를 가져오는지를 잘 보여주는 사례입니다.

공공의 이익과 기업의 이익, 자유경쟁을 바탕으로 하는 시장 원리 등은 떼려야 뗄 수 없는 요소들입니다. 하나라도 빠지면 남은 하나도 발전하기 힘들며, 조화를 이룰 때 모두가 만족스러운 결과를 얻을 수 있습니다. 어떻게 해야 모두가 만족스러운 결과를 도출할 수 있을지 탐구하는 것은 생산자·소비자 모두의 숙제이며, 오늘날 경제학이 도출해야 할 답입니다.

가처분소득과 가계부채

가처분소득(可處分所得)은 가계의 수입 중 마음대로 소비하고 쓸 수 있는 소득을 가리키며 '개인가처분소득'이라고도 합니다. 가처분소득이 많으면 소비규모가 커지고, 적으면 소비규모가 줄어듭니다.

가처분소득은 보통 한 해의 개인소득에서 세금과 공과금 등을 뺀 나머지와 연금, 사회보조금 등 소득지원금을 합한 금액으로 계산합니다. 하지만 생각해봅시다. 정말로 세금과 공과금만 빼면 자유롭게 소비를 할 수 있을까요? 세금이 아니더라도 대출 이자나 교육비, 통신비 등 생활필수적인 지출이 있습니다. 이런 금액을 다 빼고 나면 자유롭게 소비와 저축을 하기 힘듭니다.

경제학적 사고는 현재 상황에 대한 의문에서 시작됩니다. 이런 상황이라면 가처분소득의 기준도 다시 생각해보아야 하지 않을까요? 가처분소득이 늘어나도 부채가 소득보다 더 늘어났다면 실제로는 가처분소득이 줄어든 것이나 마찬가지이기 때문입니다.

자가 보유 가구의 소득과 부채
(단위: 만 원)

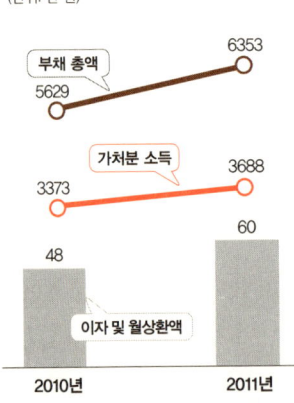

자료 : 한국은행, 통계청, 금융감독원

우리나라의 경우 가처분소득에서 부채가 차지하는 비율은 2010년 166.9%에서 2011년 172.3%로 늘어났습니다. 이처럼 소득대비 부채 비율이 높아진다는 것은 사람들이 빚을 갚느라 대부분의 소득을 쓰고 있다는 뜻입니다. 소비가 줄어드니 생산도 줄어들고, 생산이 줄어드니 고용도 줄어들어 경기가 침체됩니다.

국가부채와 공공부채

각 가정에 수입과 지출에 따른 예산이 있듯이 나라 살림살이에도 예산이 있습니다.

우리나라 2012년 국가 예산은 총 325.4조 원으로 이것은 2011년 309.1조 원 대비 약 5.3%인 16.3조 원이 증가한 것입니다.

한 국가를 운영하는 데는 천문학적인 예산이 필요하고, 세금만으로는 예산을 모두 충당하기 어렵습니다. 그럴 때 나라에서는 예산을 마련하기 위해 국채와 공채, 즉 국공채를 발행해 판매합니다. 이것은 다 나라의 빚입니다. 국공채를 사들인 쪽이 돈을 갚으라고 하면 정부는 돈을 갚아야 하니까요.

가계의 빚을 가계부채라고 하듯, 나라의 빚을 국가부채 또는 공공부채라고 합니다. 국가부채는 중앙정부의 채무를 뜻하며, 공공부채는 지방정부와 공기업의 채무를 합한 것입니다.

우리나라의 GDP 대비 국가부채 비중은 2012년 기준 40%였습니다. 큰 경제적 위기를 겪고 있는 그리스 같은 나라는 국가부채가 GDP 대비 150% 이상입니다.

그리스와 같은 나라에 비하면 우리나라는 아직 안전해 보일 수 있습니다. 하지만 국가부채에 공공부채를 더하면 약 1,300조 원으로 GDP 대비 115%로 부채 비율이 훌쩍 뜁니다. 정부가 추산한 빚과는 엄청난 차이가 납니다. 공기업이 공채를 많이 발행했기 때문입니다.

예산표를 보면 우리나라가 가장 적은 예산을 들이는 분야는 문화,

우리나라 분야별 예산표 (2012)

세부항목	예산액	점유율	비 고
연구 · 개발	16조 원	약 5%	(2011년 14.9조 원 대비 약 7.6 % 증가 : 1.1조 원)
교육	45.5조 원	약 14%	(2011년 41.2조 원 대비 약 10.3 % 증가 : 4.3조 원)
문화 · 체육 · 관광	4.6조 원	약 1%	(2011년 4.2조 원 대비 약 8.8 % 증가 : 0.4조 원)
산업 · 중소기업 · 에너지	15.1조 원	약 4%	(2011년 15.2조 원 대비 약 7.6 % 감소 : 0.5조 원)
사회간접자본	23.1조 원	약 7%	(2011년 24.4조 원 대비 약 5.5 % 감소 : 1.3조 원)
농림 · 수산 · 식품	18.1조 원	약 6%	(2011년 17.6조 원 대비 약 2.8 % 증가 : 0.5조 원)
보건 · 복지 · 노동	92.6조 원	약 29%	(2011년 86.4조 원 대비 약 7.2 % 증가 : 6.2조 원)
환경	6조 원	약 2%	(2011년 14.9조 원 대비 약 3.5 % 증가 : 0.2조 원)
외교 · 통일	3.9조 원	약 1%	(2011년 3.7조 원 대비 약 8.0 % 증가 : 0.2조 원)
국방	33조 원	약 10%	(2011년 31.4조 원 대비 약 4.9 % 증가 : 4.9조 원)
질서 · 안전	14.5조 원	약 4%	(2011년 13.7조 원 대비 약 6.3 % 증가 : 0.8조 원)
일반공공행정	55.1조 원	약 17%	(2011년 52.4조 원 대비 약 5.3 % 증가 : 2.7조 원)

체육, 관광 분야이며 가장 많은 예산을 들이는 분야는 보건, 복지, 노동 분야임을 알 수 있습니다. 이처럼 많은 예산을 확보하기 위해 국가와 공기업들은 국채와 공채를 발행합니다.

많은 부분이 빚으로 이루어져 있는 만큼, 국가예산은 반드시 필요한 곳에 효율적으로 쓰여야 하겠습니다.

국가부도와 모라토리엄

국가가 자신의 채무를 갚지 못하는 상황을 국가부도라 합니다. 영어로는 '소버린 디폴트(Sovereign Default)'라고 합니다. '디폴트'의 사전적 의미는 '체납'입니다. 빚을 갚지 않고 있다는 뜻입니다. 국가부도는 크게 채무불이행을 뜻하는 '디폴트'와 채무이행을 뒤로 미루는 '모라토리엄(moratorium)' 두 종류로 나뉩니다.

앞에서 채권 이야기를 했습니다. 정부는 예산을 확보하기 위해 채권을 발행해 자금을 모읍니다. 국가가 발행한 채권을 국가채권, 줄여서 국채라 합니다. 국채는 각국의 기관들이 사들입니다. 나중에 원금과 이자를 받기 위해서입니다.

빚이 많고 신용도가 낮은 나라의 채권 이자는 올라갑니다. 위험도가 높은 만큼 이자가 높지 않으면 아무도 채권을 사지 않을 것이기 때문입니다. 국제시장에서 국채 이자가 올라간다는 것은 국가부도 위험이 그만큼 크다는 뜻입니다.

이처럼 채권을 팔았는데 결국 나라의 경제가 돌이킬 수 없을 정도로 어려워져 원금도 이자도 채권자에게 돌려줄 수가 없게 된다면 결국 국가는 부도를 선언하게 됩니다. 개인이나 가계, 기업이 파산하듯이 국가도 파산하는 것입니다. 이것이 '디폴트'입니다. 이러한 국가부도는 그리 드문 일이 아니며, 경제가 불안정한 남아메리카와 동유럽 국가를 중심으로 지난 30년간 약 20개 국가가 부도를 맞았습니다. 그리고 2010년에 들어서는 비교적 경제강국으로 여겨지던 그리스, 이탈리아, 스페인 등 유럽 여러 나라가 경제위기를 맞았습니다.

국가부도가 나면 환율과 증시가 폭락하고 물가와 실업률이 폭등하며, 사업체들은 연쇄 부도를 맞게 됩니다. 부도를 맞은 국가에 돈을 빌려줬던 다른 나라들 역시 연달아 충격을 받게 됩니다. 국가신용조정기관에서는 부도로 판단된 국가의 신용도를 대폭 낮춥니다.

그러나 가계가 파산한다고 해서 가족들이 사라지는 것이 아니듯, 국가부도가 난다고 해서 국가 자체가 사라지는 경우는 드뭅니다. 부도 이후에도 경제를 회복하면 다시 신용도를 높일 수 있습니다.

그러나 일단 국가부도가 나면 다른 국가의 원조를 받기가 거의 불가능해지고 국제 사회에서 소외됩니다. 또한 자국의 큰 기업들이 모두 해외로 팔려 명목만 나라를 유지할 뿐 사실상 경제 식민지가 될 위험이 큽니다.

'**모라토리엄**'은 국가나 지방자치단체가 빌린 돈을 갚는 시기를 일방적으로 미루는 것을 뜻합니다. 지금은 가진 돈이 없으니 나중에 갚겠다고 선언하는 것입니다.

1997년, 우리나라는 IMF에 구제금융을 신청하며 외환위기를 겪었습니다. IMF 구제금융 신청은 모라토리엄의 바로 전 단계로, "현재 가지고 있는 돈이 없으니 IMF에서 돈을 빌려 빚을 갚겠다"고 말하는 것입니다. IMF에서도 돈을 빌리지 못하게 되면 모라토리엄을 선언하는 수밖에 없습니다.

국가부도에 이르는 단계를 3단계로 나누어보면 다음과 같습니다.

IMF 구제금융신청 : 외환보유액(일정한 시점에 한 국가가 가지고 있는 외환채권의 총액)이 바닥나 국제통화기금(IMF)에서 돈을 빌려 채무를 이행하는 것

모라토리엄 : 와환보유액은 바닥났지만 아직 빚을 갚을 능력은 있어서 지불을 연기하는 것

국가부도 : 외환보유액도, 빚을 갚을 능력도 없는 상태

아이슬란드의 국가부도 위기

아이슬란드는 유럽에 위치한 인구 32만 명의 작은 나라입니다. 한때는 '세계에서 가장 살고 싶은 나라'로 손꼽힐 정도로 풍요로웠지만 2008년, 미국에서 시작된 금융위기의 여파를 견디지 못하고 유럽에서 가장 먼저 국가부도 위기를 맞았습니다.

이때 아이슬란드는 독특한 선택을 했습니다. 우리나라를 비롯, 보통 국가들이 외환위기를 맞으면 IMF 구제금융을 신청하는 것과 달리 아이슬란드는 은행들과 기업들이 문을 닫고 환율이 폭등하도록 그냥 내버려두었습니다. 구제금융을 신청해서라도 빚을 갚을 것을 요구하는 해외 투자자들의 의견에 귀를 닫고 엄격하게 자본을 통제해 국가부도 위기를 이용하려는 투기 세력을 막고 자본의 해외 유출을 막았습니다. 다른 경제위기 국가들이 정부지출을 줄일 때, 아이슬란드는 오히려 정부지출을 늘려 사회 안전망을 구축하고 빈곤층과 실업자들을 최대한 보호했습니다. 이러한 정부지출을 통해 경제는 회복세에 들어섰습니다. 아이슬란드는 해외 투자자들의 손실을 감수하고 자국의 회복을 우선한 것입니다.

이러한 결단력을 바탕으로 국가 경제 회복에 노력한 결과 유럽의 많은 국가들이 경제위기에 처해 있는 지금, GNI가 세계 3위에서 20위로 추락했던 아이슬란드는 2012년, 2.4%의 경제성장을 달성했습니다. 유로존 국가들의 성장률이 마이너스를 기록했기 때문에 더욱 눈에 띄는 성과입니다. 아이슬란드의 경제 회복 과정은 세계 경제위기의 시대에 더욱 주목받는 사례입니다.

자유무역협정(FTA)

요즘 장을 보러 가면 수입 농산물과 축산물들을 쉽게 찾아볼 수 있습니다. 칠레산 포도며 러시아산 대게, 미국산 소고기 등이 국산 농·축산물들과 똑같이 팔리고 있고, 도로에는 외국산 자동차가 달리고 있습니다. 반면 한국산 자동차가 미국이나 중국, 유럽 등에 수출되기도 합니다.

국가가 서로 물건을 사고파는 것을 무역이라 합니다. 이 무역정책은 크게 두 가지로 나뉩니다. 바로 **자유무역주의**와 **보호무역주의**입니다.

자유무역이란 국가가 무역에 대해 개입하지 않는다는 뜻입니다. 무엇을 얼마에 팔고 사든 각 무역에 임하는 기업의 자유이며, 정부는 간섭하지 않는 형태의 무역입니다. 반대로 보호무역은 국가가 무역에 개입하는 정책입니다. 수입과 수출에 대한 여러 가지 규칙들을 만들고 무역 과정을 통제합니다.

우리나라 제품이 외국에 수출되면 '관세'를 내야 합니다. 관세는 수출하는 제품에 붙는 세금입니다. 수출할 때 세금이 많이 붙을수록 수출하기가 쉽지 않습니다. 수출하는 입장에서는 관세를 포함해 물건 값을 매겨야 하는데, 그렇게 되면 수출국 안에서 생산되는 제품보다 가격이 많이 비싸져 경쟁력이 떨어지기 때문입니다. 관세는 자국의 산업을 보호하기 위한 대표적인 보호무역 정책입니다.

자유무역협정(free trade agreement, FTA)은 관세를 포함, 각국이 서로 자국의 보호무역 정책을 없애 국가 간의 무역 장벽을 제거하자는 협정입니다. 보다 자유로운 상품 거래와 국제 교류가 가능하다는 장점이 있으나 자국의 취약 산업이 붕괴할 수 있고 상대적으로 많은 자본을 보유한 국가일수록 유리하며, 한 국가가 다른 국가의 문화까지 좌지우지 할 수 있다는 점에서 논란이 많은 협정입니다.

FTA가 나타나게 된 배경에는 1986년에 여러 나라가 우루과이에서 모여 맺었던 협정인 '우루과이 라운드(UR)'가 있습니다. 우루과이 라운드는 1986년 전까지 세계 무역 질서를 이끌어 온 '관세 및 무역에 관한 일반협정(GATT)' 체제의 문제점을 해결하고 이 체제를 다자간 무역기구로 발전시키려고 한 협상입니다. 우루과이 라운드는 80년대에 들어서 농업과 제조업이 쇠퇴하고 서비스 산업이 팽창하는 산업구조의 변화를 맞아 새로운 무역질서를 구축하려던 미국을 중심으로 열렸습니다. 미국은 농산물 생산성에 있어 다른 나라보다 우위에 있었기 때문에 우루과이 라운드를 통해 세계경제에 대한 힘을 회복하고 강화하려고 했습니다.

우루과이 라운드 전에는 농산물의 수입·수출이 엄격히 제한되었습니다. 또한 물건을 만들 때 국산 부품이나 원료를 사용하도록 한 의무 조항도 있었습니다. 그러나 우루과이 라운드에 참여, 동의한 국가들은 농산물도 수입·수출 품목에 넣게 되었으며 국산 부품 사용 의무도 폐지했습니다. FTA는 이미 1980년대 말, 우루과이 라운드를 통해 미국을 주축으로 준비되고 있었던 것입니다.

1995년에는 미국의 주도로 세계무역기구(WTO)가 만들어져 우루과이 라운드 체제를 진행하고 관리하기 시작했으며, 우리나라에서는 1993년부터 '세계화'라는 말이 쓰이기 시작했습니다. 이러한 배경에서 미국은 캐나다, 멕시코 등 북미 지역 국가들과 북미자유무역협정(NAFTA, 나프타)을 1992년에 맺게 됩니다.

우리나라는 2002년에 칠레와 처음으로 FTA를 맺었고, 2010년에는 미국, 유럽연합과 FTA를 맺었으며 중국과도 협정을 추진하고 있습니다. FTA를 통해 칠레는 한국산 휴대폰, 자동차 등에 대한 관세를 폐지하고 한국은 칠레산 포도 등에 대한 관세를 폐지하기로 했습니다. FTA를 맺기 이전 칠레와 우리나라의 무역 교역량은 16억

달러였지만 FTA 이후 2010년에는 72억 달러로 늘어 약 4.5배의
증가율을 보였습니다.

그러나 FTA에는 많은 부작용이 있습니다. 가장 문제가 첨예하게
드러난 FTA는 2010년 12월 3일 밤에 타결된 '한미자유무역협정'
이었습니다. 미국과의 FTA는 우리나라 자동차를 미국에 수출하고,
우리나라는 미국산 소고기를 수입하는 안건을 중심으로 조율이 이
루어지고 있었습니다. 문제는 미국산 소고기가 치명적인 질병인 '광
우병'에서 안전하지 않다는 점이었는데, 우리나라 정부는 미국과의
FTA에서 유리한 입장에 서기 위해 광우병을 유발할 수 있는 위험
부위까지 전면 수입을 하겠다고 제안했고, 이러한 협정 내용이 국민

들에게 알려지며 촛불 시위가 일어나는 등 큰 반대에 부딪혔습니다.

결국 협정 내용은 조정되었고, 우리나라는 미국으로 수출하는 한국산 승용차의 관세 철폐 시기를 늦추는 등 자동차 관련 분야에서 미국 측 요구를 일부 수용했습니다. 대신 미국산 돼지고기 등 일부 농축산물의 관세 철폐 시기를 늦추는 성과를 얻었으며, 중소기업과 농민에게 도움이 될 만한 자동차 부품, 돼지고기, 제약 분야에서 얻는 이익이 많아졌습니다.

한미FTA가 이루어지면 향후 10년 동안 한국의 GDP가 약 8조 원 늘어나고 일자리 25만 개가 늘어날 것으로 전망되며, 유럽산 제품의 수입 가격이 낮아져 소비자에게 혜택이 돌아가고 물가를 낮추는 효과가 있을 것으로 기대되고 있습니다.

그러나 국내의 축산 농가를 붕괴시킬 가능성이 있는 등 부정적인 전망도 만만치 않습니다. 특히 중국과 FTA를 체결하게 되면 값싼 중국의 농산물 수입으로 국내의 축산 농가, 쌀·콩 등 농작물 재배 농가는 더 큰 타격을 입을 것으로 예상됩니다.

무역정책은 앞으로도 점점 자유화될 가능성이 높습니다. 세계 곳곳에서 쏟아지는 물건들 속에서 소비자들의 선택지 또한 다양해질 것입니다. 경제적 측면은 물론 여러 측면에서 성숙한 소비의식이 필요하다는 목소리가 점점 높아지고 있습니다.

경제로 보는 지리 - 유로존, 니스, 브릭스

유로존(Eurozone)

1951년 4월 18일, 프랑스, 독일, 이탈리아, 벨기에, 네덜란드, 룩셈부르크 6개국은 석탄 및 철광석 채굴에 관한 조약을 맺고 유럽 석탄철강공동체(ECSC)를 체결해 유럽 시장을 지배하게 되었습니다. 그 후 1967년, ECSC와 유럽경제공동체(EEC), 유럽원자력공동체 (Euratom)가 통합해 유럽공동체(ECC)를 설립합니다. 1993년에는 유럽의 27개국이 ECC에 가입하며 이름을 바꾸는데 이것이 바로 유럽연합, 즉 EU(European Union)입니다.

'경제공동체'란 회원국들이 금융이나 재정 등에서 같은 정책을 수행하는 공동체입니다. 유럽연합은 처음에는 경제공동체로 시작했으나 현재는 정치공동체로까지 발전했습니다. 경제공동체, 정치공동체를 추구하는 이유는 국가 통합을 통해 공동체 전체의 경제 발전을 도모하고 더 나은 사회를 만들기 위해서입니다.

경제공동체에는 EU 이외에도 아시아·태평양 경제협력체(APEC, 한국, 일본, 중국, 타이완, 싱가포르, 멕시코 등 참여), 동남아시아 국가연합 (ASEAN, 인도네시아, 말레이시아, 필리핀 등 참여), 라틴아메리카 통합연합 (ALAD, 브라질, 멕시코, 아르헨티나 등 참여) 등 여러 개가 있습니다.

'유로존'은 유럽연합 27개국 중에서 '유로'라는 화폐를 쓰는 17개

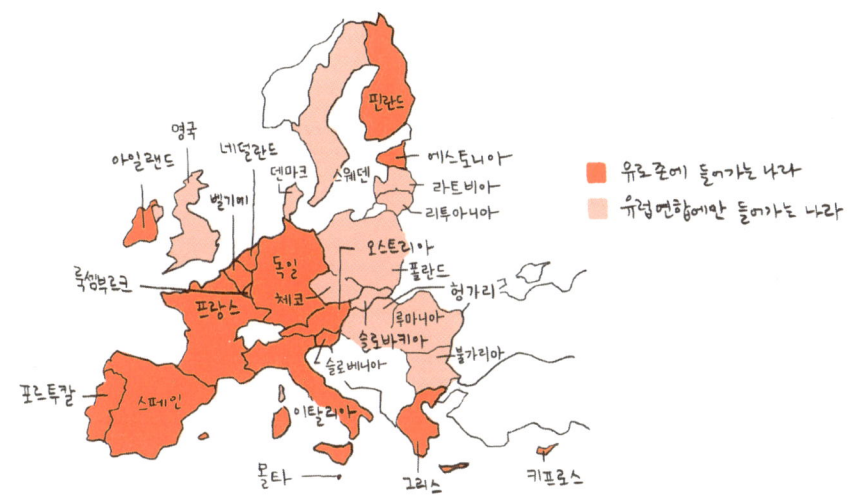

핀란드
영국
네덜란드
아일랜드
덴마크
스웨덴
에스토니아
벨기에
라트비아
리투아니아
오스트리아
룩셈부르크
독일
체코
폴란드
헝가리
프랑스
루마니아
슬로바키아
슬로베니아
불가리아
포르투갈
스페인
이탈리아
몰타
그리스
키프로스

■ 유로존에 들어가는 나라
■ 유럽연합에만 들어가는 나라

국을 뜻합니다. 유럽연합에 가입되어 있다고 해서 모두 유로존에 속하는 것은 아닙니다. 영국은 유럽연합에 가입했지만 유로존에는 가입하지 않고 자국의 파운드 화폐를 사용하고 있습니다.

그러나 오늘날 유로존은 재정 위기를 겪고 있으며, 그리스 등 몇몇 국가들은 국가부도의 위험에까지 빠져 있습니다. 2008년 미국의 투자 은행들이 서브프라임 모기지로 인해 부도가 나면서, 미국의 은행에 투자했던 유로존 국가들의 은행까지 영향을 받았기 때문입니다. 정부가 나서 은행의 손실을 메웠지만 국가 재정에 큰 문제가 발생했습니다.

유로존 국가 17개국 중 포르투갈, 이탈리아, 그리스, 스페인(PIGS)

은 더더욱 심각한 재정 위기에 시달리고 있습니다. 각국 은행들이 서로 연결되어 있기 때문입니다.

유로로 화폐가 통합되면서 수출을 통해 이득을 본 독일과 프랑스는 유로존을 지키기 위해 구제금융을 실시했습니다. 유럽중앙은행은 그리스에 1,100억 유로를 지원하면서 공무원의 연금을 축소하는 등 긴축 정책을 펼치라고 요구했습니다. 구제금융을 제공하는 대신 허리띠를 졸라매라는 것이었는데 이 때문에 그리스는 과거 우리나라가 IMF의 구제금융을 받았을 때처럼 사람들을 대량 해고하기에 이르렀습니다. 실업률이 높아지자 시위와 파업이 이어졌습니다. 이러한 사정은 현재 스페인, 이탈리아 등으로 퍼져나가는 중입니다.

니스(NIEs)

신흥공업경제국 또는 그 지역을 뜻하는 단어로, 70년대에 GNP에서 공업이 차지하는 비율을 선진국에 가까운 비율(25~40%)로 끌어올린 나라와 지역을 가리킵니다. 한국, 타이완, 홍콩, 싱가포르, 멕시코, 브라질, 아르헨티나 등이 해당됩니다.

아시아 니스는 상대적으로 인건비 등 생산비용이 낮아 미국과 일본 시장에 물품을 수출함으로써 이익을 얻었으며, 중남미 니스는 자국과 인근 시장을 대상으로 생산을 했습니다. 80년대부터 중남미 니스는 거의 정체 상태를 지속한 데 비해 아시아 니스는 미국과 일본 등의 기술을 이전받고 수출을 계속해 빠른 속도로 성장했습니다.

그러나 80년대 후반부터는 아시아 니스도 국내 임금이 상승해 생산비용이 높아졌고, 독자적인 기술을 개발할 필요가 대두되었으며, 미국에게 시장 개방 요구를 받고 유럽 등 선진국의 보호무역주의에 부딪히며 새로운 문제를 마주하게 되었습니다. 중남미 니스가 쇠락하고, 아시아 니스의 경제적 위치가 상승되며 '니스'란 말도 최근에는 거의 쓰이지 않습니다.

브릭스(BRICS)

미국의 대형 증권회사 골드만 삭스가 만든 말로, 1990년대 말부터 경제가 빠르게 성장하고 있는 브라질(Brazil), 러시아(Russia), 인도(India), 중화인민공화국(China), 남아프리카 공화국(South Africa)을 통칭하는 말입니다. 많은 경제학자들은 2030년쯤에 이르러 이 다섯 국가가 세계 경제를 주도할 만한 잠재력이 있다고 예측하고 있습니다. 현재 이들은 세계 인구의 40% 이상을 차지하고 있으며 GDP는 미국 달러로 12조 달러가 넘습니다. 인구가 특히 많고 경제 성장 속도가 빠른 중국과 인도 두 나라를 따로 묶어 친디아(Chindia)라고 부르기도 합니다.

더 깊이
알기 위한

경제학의 역사

경제학의 역사,
왜 알아야 할까?

　앞에서는 현재 우리를 둘러싸고 있는 경제 상황과 미래의 경제 전망에 대해서 이야기했습니다. 현재와 미래를 판단하기 위해서 우리는 무엇을 해야 할까요? 바로 역사, 지난 과거를 돌아보아야 합니다.

　경제학에는 '경제학설사'라는 것이 있습니다. 이것은 경제학 이론이 어떻게 발전되어 왔는지를 살펴보는 것입니다. 이제부터 우리는 경제학의 역사를 조금 살펴보려고 합니다.

　역사 공부는 과거를 통해 현재를 분석하고 더 나은 미래를 설계하기 위한 것이라고 합니다. 경제학 역사 공부 역시 마찬가지입니다. 경제학의 역사를 알아야 현재 경제 상황과 앞으로의 경제가 나아갈 길을 생각해볼 수 있답니다.

　경제학의 역사는 크게 중상주의→중농학파→고전학파→신고전학파→케인스학파로 이어지는 흐름이라 볼 수 있습니다.

경제학은 인간이 합리적이고 이익을 극대화하는 존재라 봅니다. 이타적 인간보다는 이기적 인간을 전제로 하는 이론입니다. 인간은 이윤을 추구하고 그 이득을 극대화하려고 하며 그래야만 발전이 이루어진다는 것입니다. 눈앞에 이익이 있어야 인간이 행동하고 그 행동이 사회 전체에 이득이 된다고 봅니다.

경제학은 시장경제의 이론적 토대입니다. 이기적인 인간들이 시장에서 만나 경쟁을 통해 효율성, 즉 자기의 이익을 추구한다는 것입니다. 그들에게 시장은 이익을 보장해주는 공간입니다.

그러나 세상에는 이타적이고 희생적인 인간도 존재합니다. 좀 더 수고롭더라도 나보다 일 속도가 느린 친구의 일을 돕는 사람, 내 노동력과 재산을 나보다 더 어려운 사람들을 위해 내놓는 사람들 말입니다. 경쟁보다는 협력을 중시하는 회사나 단체도 있습니다. 그렇다면 이 방식은 효율적이지 않은 방식일까요? '효율성'이란 것은 정확히 무엇일까요?

경제학의 역사는 경제학자들이 이러한 질문들을 놓고 벌이는 싸움과도 같습니다. 그리고 이 싸움은 현재도 진행 중이랍니다.

01

고전학파

애덤 스미스 경제학의 아버지

애덤 스미스(Adam Smith, 1725~1790)
는 스코틀랜드에서 법률가의 아들로 태
어났습니다.

14세부터 글래스고 대학에 들어가 도
덕철학을 공부했으며 1740년에는 옥스
퍼드 대학에 들어갔습니다. 하지만 스미
스는 옥스퍼드 대학이 글래스고 대학의

수준에 미치지 못 한다 생각했습니다. 스미스는 이때 느꼈던 옥스퍼
드와 케임브리지 등 대학의 문제점을 훗날 자신의 저서인 『국부론』
에서 지적하기도 합니다. 스미스는 교수들이 능력과 상관없이 수입을 보장받는다는 점을 비판했습니다. 1746년, 그는 결국 공부를 다 마치지 않은 채 옥스퍼드를 떠났습니다. 그리고 1748년부터는 강연을 하며 사람들에게 인정받기 시작했습니다.

『국부론』

애덤 스미스는 경제학의 아버지라 불립니다. 애덤 스미스의 대표 저서인 『국부론』에서 근대 경제학이 시작되었기 때문입니다. 하지만 정작 애덤 스미스 자신은 '경제학'이라는 말을 쓴 적도 없고, 스스로를 경제학자로 평가하지도 않았습니다. 그가 가장 중요하게 생각한 것은 도덕철학이었으며 저서 역시 『국부론』보다 『도덕감정론』을 더 중요하게 여겼습니다. 스미스는 『도덕감정론』을 쓰면서 인간의 본질에 대해 고민했습니다.

'자기의 이익을 최우선시하는 인간이 어떻게 도덕적으로 판단하고 행동할 수 있는가?'

스미스는 이 질문에 초점을 두고 인간의 '도덕 감정'에 대해 연구했고, 인간이 다른 사람의 상황을 파악하고 감정을 헤아리는 '공감 능력'이 자연스럽게 개개인의 도덕성을 일깨워준다는 결론을 내렸습니다.

이러한 생각을 바탕으로 그는 본격적으로 공업사회에 들어선 영국을 관찰하고, 부의 원천은 노동이며 부의 증진은 노동생산성의 개선으로 이루어진다고 주장하는 『국부론』을 썼습니다.

애덤 스미스의 경제학

애덤 스미스의 이론은 다음과 같은 도식으로 표현할 수 있습니다.

개인의 이익 추구 → 교환 → 분업 → 노동생산성의 증대 → 잉여 생산물의 양 증가 → 교환 확대 → 개인의 욕망 충족 → 분업의 확대 → 상업사회 → 사회 전체의 생산 증대

어떤 사람이 여러분이 갖고 있는 물건과 똑같은 물건을 서로 바꾸자고 하면 바꿀 것인가요? 웬만해서는 바꾸지 않을 겁니다. 왜냐면 똑같은 물건끼리 서로 교환을 해도 별다른 이익이 없으니까요.

교환은 쌍방이 서로 다른 것을 가지고, 서로 다른 것을 원할 때 일어납니다. 그래야 나에게 이익이 돌아오기 때문이죠. 교환은 자신들의 이익만을 추구하는 이기적 개인들 사이에서 이루어집니다. 나의 이익을 채우려면 남의 이익도 채워주어야 합니다. 둘 모두에게 이익이 되어야만 교환이 이루어지기 때문입니다. 한 사람에게라도 손해가 가는 교환이라면 그 교환은 이루어지지 않을 것입니다. 내가 이기적인 만큼 남도 이기적인 법입니다.

이렇게 교환이 발달하다 보면 바꿀 물건들을 많이, 그리고 빨리 만들기 위해 분업이 발달합니다. 그러다 보면 노동생산성이 커져 사회 전체의 생산이 증대되고 부가 커집니다. 스미스가 말하는 '부'는 나라의 부, '국부(國富)'입니다. 스미스는 개인의 이익 추구가 사회의 이익을 증대시키는 결과를 낳는다고 생각했습니다.

| 개인의 이익 | = | 사회의 이익 |

애덤 스미스가 말하는 '국부'의 증대는 오늘날 말하는 경제성장, GDP의 성장과 같습니다. 그런데 애덤 스미스는 노동생산성의 증대에만 관심이 있었고, 분업의 결과로 생긴 나라의 부를 어떻게 분배할 것인지에 대해서는 말하지 않습니다. 수출로 GDP를 키운 다음 그것을 국민들과 어떻게 공평하게 나눌 것인지는 생각하지 않았다는 말입니다.

보이지 않는 손

사회 전체의 이익, 사람들 개개인이 열심히 일을 해 쌓은 나라의 부가 평등하게 분배되려면 어떻게 해야 할까요? 개인의 이익과 사회의 이익은 과연 조화를 이룰 수 있을까요?

애덤 스미스는 분배를 시장에 맡기려고 했습니다. 개인의 이익을 위한 행동이 저절로 사회의 이익을 보장한다고 주장한 것은 시장이 그 두 가지를 조화시킬 수 있다고 생각했기 때문입니다.

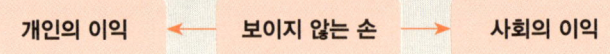

개인의 이익 ← 보이지 않는 손 → 사회의 이익

　앞에서 우리도 살펴봤듯이, 시장은 눈에 보이지 않습니다. 시장 안에서 우리가 볼 수 있는 것은 상품과 상인들뿐입니다. 그래서 스미스는 시장을 '보이지 않는 손'이라고 말했는데 이 손이 개인의 이익과 사회의 이익을 '자동으로' 조화시킨다고 했습니다. 이러한 스미스의 주장을 **'자유방임주의'**라고도 합니다. '인간의 공감 능력이 자연스럽게 도덕적인 행위를 이끈다'는 도덕철학이 경제학에 반영된 결과라고 볼 수 있습니다.

　애덤 스미스는 오직 효율적인 분업을 통한 생산량의 증대만 중요하게 여겼습니다. 경제 성장을 중요시할 것인가, 분배를 중요시할 것인가는 지금까지도 논쟁의 한중간에 있습니다.

장 바티스트 세 공급이 수요를 만든다

장 바티스트 세(Jean-Baptiste Say, 1767~1832)는 애덤 스미스의 이론을 계승한 프랑스 경제학자입니다. 세는 '세의 법칙(Say's law), 혹은 판로의 법칙이라 불리는 이론을 주장하며 아래와 같이 말했습니다.

"공급은 스스로 수요를 창출한다."

세의 법칙은 경제 전체적으로 봤을 때 일단 공급이 이루어지면 그만큼의 수요가 자연적으로 생겨난다는 법칙입니다. 세는 수요가 모자라 공급이 남아도는 상황은 발생하지 않는다고 말했습니다. 생산물의 판로는 수요가 아니라 생산이 결정하며, 생산 과잉이나 불황은 존재하지 않는다는 이론입니다.

세의 법칙대로라면 시장은 언제나 균형을 유지합니다. 일반적 과잉 공급은 존재하지 않으며, 개별상품에 대한 초과수요, 초과공급은 서로 상쇄되어 경제 전체적으로는 균형을 이룹니다. 그렇기 때문에 경제 전체에서 장기적이고 구조적인 실업 역시 존재하지 않습니다.

공급이 자연스럽게 수요를 창출한다는 것입니다.

수요 부족이 일어나지 않는다는 세의 법칙은 이후 고전학파 경제학자들이 공급 중심의 경제정책을 주장하는 데 있어 중요한 논거가 되었습니다. 세의 법칙은 수요를 고려하지 않은 공급을 부추겨 1930년대 경제대공황을 야기하였다는 비판을 받고 있습니다.

공급 과잉은 일어나지 않는다?

유효수요란 구매력의 뒷받침이 되는 수요, 즉 물품을 살 만한 돈이 있는 상태에서 물품을 입수하려고 하는 욕구를 말합니다. 물건을 사고 싶어도 돈이 없으면 아무리 원해도 물건을 구매할 수 없기 때문에 그 수요는 유효수요라 할 수 없습니다.

애덤 스미스는 세의 법칙을 노동시장에 적용시켰습니다. 공급이 스스로 수요를 창출한다는 세의 법칙에 따라, 노동의 초과공급은 있을 수 없다고 생각한 것입니다. 스미스의 생각대로 분업이 확대되면 노동생산성이 증가하고, 분업이 확대되는 만큼 시장은 더 잘 돌아가야 합니다. 상품이 생산되는 대로 팔려나가는 것입니다.

그런데 생산품의 생산량과 판매량의 증가 속도보다 노동생산성이 더 빠르게 증가한다면 어떻게 될까요?

생각해봅시다. 통조림을 만드는 회사가 있습니다. 원래는 하루에 50캔을 만들 수 있었지만, 새로운 기계를 들이면서 노동생산성이 늘어나 이제는 하루에 100캔을 만들 수 있게 되었습니다. 하지만 시장에서는 아직 하루에 70캔밖에 팔리지 않습니다. 그러면 회사 사장은 굳이 인건비를 들여 하루에 100캔을 만들 필요가 없기 때문에 넘치는 노동자를 해고할 것입니다.

자, 이렇게 실업이 발생했습니다. 노동시장에서 노동자들이 일거리를 얻지 못하게 되는 것입니다. 세의 법칙을 신봉하는 사람들은 초과공급이란 것이 없다고 생각하겠지만 실제로는 노동이 초과 공급되는 것입니다.

애덤 스미스는 기술이 발전하면 실업 노동자들이 다른 산업에서 일자리를 구할 수 있다고 생각했습니다. 하지만 한 사람이 일하는 분야를 옮기거나 노동 조건이 완전히 다른 일자리로 옮겨 가는 것은 그렇게 쉬운 일이 아닙니다.

노동생산성이 증가해도 상품이 판매되지 않으면 노동자는 해고됩니다. 상품을 더 생산할 필요가 없기 때문입니다. 그렇게 늘어난 실업자들은 돈이 없어 물건을 살 수 없게 됩니다. 유효수요가 줄어드는 것입니다. 세의 말대로라면 물건은 아무리 많이 만들어도 모두 팔려나가야 합니다. 공급이 스스로 수요를 창출한다고 했으니 말입니다. 그러나 현실은 오히려 반대로 나아갔습니다. 공급만 이루어지고 수요가 발생하지 않아 대공황이 발생했다는 사실을 우리는 앞에서 살펴봤습니다.

토머스 로버트 맬서스 '인구론'의 창시자

우리나라는 현재 전체 인구는 줄고, 인구를 구성하는 노인 인구는 늘고 있으며, 출산율은 역대 최저입니다. 2050년에는 적정인구에 비해 실제인구가 186만 명 모자랄 것으로 예측되고 있습니다.

이러한 인구 문제를 경제학에 연결해 생각한 사람이 있었습니다. 바로 애덤 스미스를 계승한 토머스 맬서스(Thomas Robert Malthus, 1766~1834)입니다. 맬서스는 케임브리지 대학를 졸업한 후 목사가 되었으나, 목사로 일하는 중에 『인구론』을 저술하면서 유명해집니다. 그 뒤로는 동인도회사의 동인도학교에서 경제학 교수로 일했습니다.

맬서스는 인구는 기하급수적(1, 2, 4, 8, 16……)으로 늘어나는데 비해 식량은 산술급수적(1, 2, 3, 4……)으로만 늘어나 나중에는 식량이 부족해질 것이라 주장한 학자입니다. 따라서 출산율을 낮추고 사망률을 높여 식량 증가와 인구 증가의 균형을 맞추어야 한다고 주장했습니다. 맬서스의 인구론은 나중에 산아 제한, 임신 조절을 주장하는 신맬서스주의로 이어집니다.

가난한 사람을 구하지 말라?

산업혁명 이후 모든 생산 분야에 기계가 들어서면서 실업자가 대량으로 발생했고, 그들은 빈민층이 되어 먹고 살기조차 어려운 상황에 처했습니다. 맬서스 시대 당시 영국 노동자들의 빈곤 상태가 어떠했는지에 대해서는 엥겔스가 1845년에 쓴 『영국 노동자 계급의 상태』에 잘 나와 있습니다.

맬서스는 노동자들에게 현금을 직접 지급하는 구빈법(빈민구제법)에 반대했습니다. 그는 구빈법이 빈곤을 장려하고 빈곤을 만들어낸다고 생각했습니다. 그가 구빈법에 반대한 이유는 다음과 같습니다.

아이를 부양할 능력이 없는 사람들에게 일자리를 제공하고 현금을 지급해 그들이 결혼을 하고 자식을 낳도록 한다 → 인구가 증가한다 → 식량 가격이 상승한다 → 고용된 노동자들의 실질임금이 하락한다(물가가 비싸지면 그만큼 임금이 주는 것과 같은 효과를 가져온다) → 다시 빈곤해진다

맬서스는 구빈법 제도가 식량을 늘리는 데는 기여하지 못하면서 인구만 늘리며, 보다 근면하고 부유한 사람들에게 돌아가야 할 몫을 줄이는 무책임한 법이라 생각했습니다. 자신의 인구론에 바탕을 둔 맬서스의 복지 반대론은 오늘날 산업자본주의 사회에서 강력한 지지를 받고 있습니다. 맬서스는 아래와 같이 말했습니다.

"인간 세계에는 항상 식량으로 먹여 살릴 수 있는 수보다 더 많은 사람이 존재한다. 따라서 잉여 인간들을 죽여 없애기 위해 전쟁을 조장하거나 전염병을 일으킬 필요가 있다."

모든 빈민들을 죽게 내버려두라는 것이 맬서스의 주장인 셈입니다. 이 주장에 대해 여러분은 어떻게 생각하십니까?

인구가 기하급수적으로 늘어난다는 맬서스의 주장은 오늘날 입증되지 못했습니다. 전 세계적으로 인구가 증가하는 추세에 있지만 현재 인구 증가를 주도하는 국가들은 대부분 저개발국들이며, 경제적 발전을 이룬 '선진국'들은 인구가 줄어들어 고민하고 있습니다. 현재 개발도상국들이 경제적으로 발전한다는 가정을 하고 본다면 전체 인구 증가폭 역시 언젠가는 줄어들지도 모릅니다.

오히려 농업기술과 축산기술, 유전공학의 발달로 식량이 기하급수적으로 늘어났습니다. 식량 생산량보다는 생산된 식량들의 적절한 분배와 버려진 음식 쓰레기 처리에 대해 걱정하는 시대가 된 것입니다.

맬서스와 비슷한 시대를 보낸 사회철학자 윌리엄 고드윈(William Godwin, 1756~1836)은 미래에는 인류가 빈곤, 질병, 전쟁, 사회적 갈등 등 고통이 제거된 완벽한 사회로 들어설 수 있으리라고 낙관했습니다. 그러나 현재 우리의 삶은 어떤가요? 120억 명이 충분히 먹고 남을 만큼의 식량이 생산되고 있지만 하루에도 10만 명이 굶어죽고 있습니다. 질병에 걸리고도 약이나 치료를 받지 못해 죽는 사람들도 있으며, 전쟁 역시 끝나지 않고 있습니다.

스핀햄랜드법(Speenhamland System)

'성인 남자라면 일주일에 빵 12㎏에 해당하는 임금이 필요하다. 임금이 이보다 낮다면 부족분만큼의 보조금을 지급한다.'
1795년 5월6일, 영국 남부 버크셔 지방 판사들이 결정한 스핀햄랜드법의 내용입니다.
가난한 사람들은 이 법을 반겼습니다. 이는 빵의 가격과 가족의 수에 따라 최저생활기준을 선정해 수당을 지급하는 임금보조제도로, 노동자 당사자는 물론 그 가족까지 포함한 최저 생계비를 교구나 지방에서 보장해주었기 때문입니다. 직업이 없는 사람, 저임금 노동자에게도 혜택이 돌아간 이 제도의 이름은 판사들이 모인 지역의 이름을 따 스핀햄랜드법이 되었습니다.
이 온정적인 법을 도입한 주역들은 놀랍게도 지주계층이었습니다. 영국에서는 사람들이 마음대로 사는 곳을 옮길 수 없도록 하는 '정주법(Settlement Act)'이라는 법이 있었는데, 이 법이 부분적으로 폐지되자 많은 사람들이 일자리를 찾아 공장이 모인 지역으로 이주했습니다. 농사지을 인력을 공장 쪽에 빼앗기게 된 지주들이 인력을 보존하기 위해 임금을 보조하기로 약속한 것입니다
법은 순식간에 전국으로 확산되었고, 예상과는 달리 최악의 결과를 낳았습니다. 고용주들이 보조금을 의식해 본 임금을 낮추었기 때문입니다.

그 결과 노동의욕과 생산성이 낮아졌습니다. 조세 부담이 높아진 사람들은 일도 하고 세금도 내느니 극빈층을 자처해 구호 대상으로 떨어졌습니다. 국가의 빈민구제 예산은 1795년 200만 파운드에서 1831년 700만 파운드로 뛰었습니다.

스핀햄랜드법은 1834년 신빈민법 제정으로 사라졌지만 무수한 흔적을 남겨 아직도 연구되고 있습니다. 연이은 흉작과 프랑스 대혁명에 따른 빈민들의 동요를 이 법으로 막았다는 해석도 있습니다. 시장논리를 중시하는 고전학파 경제학자들이 뿌리를 내린 것도 스핀햄랜드 논쟁을 통해서입니다. 적극적인 빈민구제를 시도했던 스핀햄랜드법의 실패가 시장의 효율성에 대한 맹신을 낳은 계기가 되었기 때문입니다.

데이비드 리카도 '지대'에 방점을 찍다

데이비드 리카도(David Ricardo, 1772~1823)는 증권업자였던 아버지의 영향을 받아 어려서부터 증권업에 재능을 보였고, 14세부터는 아버지의 사업에 종사하기 시작했습니다. 그러나 나중에 기독교도와 결혼하면서 종교 문제로 집을 나오게 되었고, 이후 증권 거

래 등을 통해 돈을 벌며 경제학을 연구하게 되었습니다. 리카도
는 애덤 스미스처럼 자유무역과 자유방임주의를 강조했고, 맬서
스처럼 구빈법에 반대했습니다.

비교우위론

리카도는 기본적으로 애덤 스미스의 이론을 받아들이는 고전학
파 학자였지만, 스미스의 이론을 발전시켜 '비교우위론'이라는 자신
만의 이론을 만들어냅니다.

애덤 스미스는 많이 생산하는 것을 부의 원천으로 보았고, 생산성
을 높이기 위해 분업을 강조했다는 사실을 앞에서 설명했습니다. 그
런데 스미스는 이런 사상을 발전시켜 무역에 있어서의 분업도 중요
하게 여겼습니다. 그는 한 나라 안에서 모든 물품을 생산할 필요 없
이, 각 나라가 가장 빠르게 많이 만들 수 있는 물품을 집중적으로 생
산해 그것들을 교환하는 것이 더 효율적이라 여겼습니다.

A국가		B국가	
옷(100벌)	신발(100켤레)	옷(100벌)	신발(100켤레)
6시간	10시간	10시간	6시간

A국가는 옷을 100벌 만드는 데 6시간이 걸리니 10시간 걸리는
B국가보다 우위에 있습니다. 반대로 B국가는 신발을 만드는 데 A

국가에 비해 우위에 있습니다.

그렇다면 A국가는 옷만 만들고, B국가는 신발만 만들어서 두 가지를 교환하는 것이 가장 생산성을 높여 효율을 추구할 수 있는 방법이라는 것이 스미스의 생각이었습니다.

그렇지만 현실과 가정은 다릅니다. 모든 나라가 다른 나라에 비해 우위를 가진 분야가 있으리라는 보장은 없습니다. 예를 들어 A국가는 옷과 신발의 생산량, 두 가지 모두가 B국가에 비해 뒤떨어질 수도 있습니다. 그렇다면 이럴 때는 차라리 무역을 하지 않는 것이 B국가에게는 이익일까요?

A국가		B국가	
옷(100벌)	신발(100켤레)	옷(100벌)	신발(100켤레)
10시간	12시간	8시간	6시간

리카도는 그렇지 않다고 말합니다. A국가는 옷은 100벌을 만드는 데 10시간이 걸리는데 신발 100켤레를 만드는 데는 12시간이 걸리니 옷을 만드는 데 우위가 있습니다. B국가의 경우 옷 100벌을 만드는 데는 8시간이 걸리는데 신발 100켤레를 만드는 데는 6시간이면 충분하니 신발을 만드는 데 우위가 있습니다.

B국가는 옷과 신발, 모두 A국가에 비해 생산 우위에 있지만, 리카도는 이런 경우에도 A국가는 옷만 만들고 B국가는 신발만 만들

는 것이 효율적이라고 합니다. 왜냐하면 이처럼 모든 것이 우위에 있는 경우에도 더 빨리, 많이 만들 수 있는 쪽에 시간과 노동을 투자하는 것이 '기회비용' 측면에서 낫다고 보기 때문입니다. 같은 양을 생산하는 데 시간이 더 걸리는 옷을 만들기 위해 신발을 만드는 시간과 노동력을 쪼개느니, 모두 신발을 만드는 데 투자하고 다른 필요한 물건은 무역을 통해 마련하는 것이 상대적으로 이익(비교우위)이라는 이론입니다.

애덤 스미스의 이론을 '절대우위론'이라고 하고, 리카도의 이론을 '비교우위론'이라고 합니다.

하지만 리카도의 비교우위론은 국가 간의 경제 발전도 차이, 국력의 차이 등을 무시한 이론이라는 한계가 있습니다. 리카도의 이론대로라면 공업 발전을 이룬 경제선진국들은 계속해서 자동차, 컴퓨터 등 고등과학기술이 필요한 제품을 만들어 수출하고, 공업 발전을 이루지 못한 개발도상국들이나 빈국들은 계속해서 식료품, 신발, 옷과 같은 농산물이나 경공업 생산품만 수출하는 불균등한 무역 구조가 계속될 것이기 때문입니다.

차액지대이론

처음에 애덤 스미스는 가격을 노동량이 결정한다고 보았습니다. 그는 사슴과 비버 사냥꾼들에 대한 우화를 통해 '노동가치론'을 설명합니다. 그는 사슴과 비버 사냥꾼이 각각 동물을 사냥하는 데 걸리는 평균 시간에 상응하는 비율로 사슴과 비버를 교환할 것이라고 했습니다. 예를 들어 사슴을 사냥하는 데 하루가 필요하고 비버를 사냥하는 데 이틀이 필요하다면, 한 마리의 비버와 두 마리의 사슴이 교환될 것이라 설명했습니다.

이 우화를 산업사회에 적용하면 상품을 생산하는 데 걸린 노동시간이 곧 상품의 가격이 될 것입니다. 하지만 산업사회에서는 가격에 영향을 주는 다른 요소들이 있습니다. 시간만 투자하면 되는 사냥과는 달리, 기업에서 생산한 상품 가격에는 노동자의 임금, 자본가의 이윤, 토지에 드는 비용이 모두 포함되어 있는 것입니다.

이런 사실에 생각이 미친 애덤 스미스는 노동가치론을 포기하고 '구성가치론'을 주장합니다. 이 이론에 따르면 **상품 가격 = 임금 + 지대 + 이윤**입니다. 체리를 예로 들자면 체리나무가 자라는 땅, 체리를 따는 농업 노동자의 임금, 체리를 팔아 얻는 이윤이 체리의 가격을 결정한다는 것입니다.

리카도는 이러한 이론을 발전시켜 '차액지대이론'을 만듭니다. 차액지대이론은 토지의 비옥도에 따라 농산물의 생산량이 달라지는 상황에 빗대어 설명할 수 있습니다.

어떤 사람이 감자 농사를 짓기 위해 밭을 빌렸습니다. 각각 넓이가 같은 밭이 네 군데가 있다고 보고, 각 밭의 비옥도를 100, 80,

60, 40으로 모두 다르다고 가정합시다.

농사를 짓는 데 들어가는 비용이 같을 때, 비옥도가 100인 밭(우등지)에서는 많은 감자를 수확할 수 있습니다. 하지만 비옥도가 40인 밭(열등지)에서는 투자비용에도 미치지 못하는 양을 수확할 수도 있습니다.

비옥도가 높은 땅에서는 척박한 땅에서보다 더 적은 생산비로 더 많은 농작물을 수확할 수 있으며, 땅을 빌리는 비용의 차이는 수확량의 차이에서 결정됩니다. 이때 비옥도가 가장 우수한 밭에서 남긴 잉여 이윤이 바로 그 토지의 '지대'입니다. 이 지대는 직접 생산을 한 노동자가 아닌 땅의 주인, 즉 지주에게 지급되는 비용입니다.

처음에는 누구나 비옥도가 높은 밭에서만 농사를 짓고자 하겠지만, 수요가 증가하고 상품 가격이 올라가면 비옥도가 낮은 땅에서도 농사를 짓게 됩니다. 척박한 땅에서 농사를 짓는 사람들이 늘어날수록 비옥한 땅을 빌리는 비용은 점점 높아집니다. 가장 척박한 땅과의 수확량의 차이가 더 커지기 때문입니다. 땅 주인은 아무런 노력 없이 땅을 빌려주고 받는 임대로만으로도 이익을 얻는 셈입니다. 차액지대이론은 부동산 등을 이용한 '불로소득'과 소득 분배에 대한 의문을 던져주는 경제이론입니다.

차액지대이론은 땅을 직접 경작하는 농사에 가장 많이 비유되지만 다른 많은 분야에도 통용되는 이론입니다. 여러분이 식당을 열기로 했다고 생각해 봅니다. 이때 식당을 개업하기 좋은 땅(우등지)은 사람들이 많이 오가고 교통이 편리한 번화가입니다. 그리고 식당을 개업하기 좋지 않은 땅(열등지)은 사람들의 왕래가 없고 교통이 불편한 외진 곳이 되겠습니다.

우등지에 개업을 한다면 장사는 잘 되겠지만 그만큼 높은 지대를 땅 주인에게 주어야 할 것입니다. 반대로 열등지에 개업을 한다면 장사는 잘되지 않겠지만 지대 또한 낮아집니다.

위에서 상품의 가격은 임금+지대+이윤이라고 설명했습니다. 소비자들은 물건의 가격이 올라갈 때 '생산자들의 이윤을 높이기 위한 행위'라고만 생각하기 쉽지만, 임금과 이윤이 그대로이더라도 **'지대'**가 올라가면 상품의 가격도 올라가는 것입니다.

수확 체감의 법칙

수확 체감의 법칙은 일정한 농지에서 일하는 노동자 수가 증가할수록 한 사람당 수확량은 감소한다는 경제 법칙입니다. 자본과 노동과 토지라는 생산 요소 가운데 자본과 토지의 양은 일정하게 하고 노동의 투입량만 증가시키면, 전체 생산량은 커지지만 노동 투입 단위에 대한 생산물의 증가폭은 점점 낮아져 한계에 부딪힌다는 것입니다.

같은 밭에서 한 사람이 농사를 짓는 것보다는 두 사람이 농사를 짓는 쪽이 생산량이 늘어날 것입니다. 하지만 점점 노동력이 늘어나 스무 명이 된다면, 전체 생산량은 늘어나겠지만 한 사람당 생산한 양은 오히려 줄어들 것입니다. 생산량의 증가 역시 점점 둔화되다가 나중에는 더 이상 늘어나지 않을 것입니다. 투입된 토지와 자본에 한계가 있기 때문입니다.

리카도는 더 이상 생산량이 늘어나지 않는 상태를 '정상 상태(stationary state)'라고 이름 붙였습니다. 그는 어떤 산업이든지 일정 수준에 도달하면 성장이 정체될 수밖에 없으며, 자본주의 경제의 성장도 결국 정상 상태를 맞이하리라 예측했습니다. 그러나 리카도는 해외무역이나 기술 발달(개선된 비료, 살충제, 관개 시설 등)로 토지의 산출량을 증가시킬 수 있기 때문에 정상 상태를 맞이하는 시기를 늦출 수 있다고 생각했습니다.

리카도의 시대부터 오늘날까지, 200년 동안 기술은 계속 발전해왔습니다. 아직까지 정상 상태에 다다르지는 않았지만, 환경의 쇠퇴나 붕괴, 천연자원의 고갈 등 우리가 미처 대비하지 못한 요인으로 인해 리카도가 말한 정상 상태가 갑자기 찾아올 수도 있습니다. 성장의 한계와 자본주의의 종말이라는 전제는 깊이 생각해봐야 할 대목입니다.

수확 체증의 법칙

'수확 체증의 법칙'이란 투입된 생산 요소가 늘어나면 늘어날수록 산출되는 생산량이 기하급수적으로 증가하는 현상을 말합니다. 이는 수확 체감의 법칙과는 정반대의 현상입니다.

자원을 물리적 노동력으로 가공해 결과물을 도출하는 농업, 제조업 등 전통적 산업 분야에서는 수확 체감의 법칙이 적용되었습니다. 그러나 시대가 흐르며 리카도가 미처 예측하지 못한 일이 나타났는데, 산업 자체가 급속히 발전한 것입니다. 1차 산업인 농업에서 2차 산업인 가공업·제조업으로, 2차 산업에서 3차 산업인 서비스업으로, 또 3차 산업에서 4차 산업인 정보·지식 산업으로……. 이처럼 산업 분야 자체가 계속해서 새로 만들어지고 발전을 거듭하자 더 이상 수확 체감이 법칙이 적용되지 않는 분야가 생겼습니다.

소프트웨어 산업, 문화 산업 등 첨단 지식과 정보를 활용하는 지식 기반 경제에서는 일반적으로 수확 체증의 법칙이 적용됩니다.

존 스튜어트 밀(John Stuart Mill, 1806~1873)은 경제학자인 아버지와 리카도에게서 경제학을 배웠는데, 경제학자라기보다 사상가로 더 잘 알려져 있습니다. 대표적인 공리주의 사상가인 밀은 행위의 도덕적인 가치는 그 행위가 사회 전체의 효용에 기여하는 정도에 따라 결정된다고 생각했습니다.

밀은 고전학파의 이론을 정리했다고 평가받고 있으며, 대표적인 공리주의자이자 경제적 분배 문제를 전면적으로 분석한 학자로서 인정받고 있습니다.

공리주의

애덤 스미스가 활약하던 시대가 이제 막 태동한 자본주의 근대 경제의 눈부신 발전에 초점을 맞추던 때였다면, 밀이 활동하던 시대는 빈부와 소득의 격차로 인한 사람들의 괴로움이 수면 위로 드러나던 때였습니다.

'공리주의'는 효용과 행복의 증진에 가치 판단의 기준을 두고, 최대 행복의 실현을 윤리적 행위의 목적으로 보았던 사상입니다. 밀 외에

대표적인 공리주의자로는 제러미 벤담(Jeremy Bentham, 1748~1832)
이 있습니다.

벤담은 공리(功利)만이 입법과 도덕의 기준이라고 주장했습니다.
쾌락은 선(善)이고 고통은 악(惡)이며, 쾌락을 증대하고 고통을 감소
시키는 행위는 옳고, 그 반대의 행위는 옳지 않다는 것이었습니다.

벤담은 각자가 자신의 최대 이익을 구할 때 사회 전체도 최대 공
리를 얻을 수 있다고 봤습니다. 하지만 이런 의견은 개인의 이익 추
구가 공공의 이익과 직결되는 것은 아니며 오히려 대립할 가능성을
무시했다는 비판을 받았습니다.

산업혁명 이후의 실업 증가, 빈부격차 등 자본주의의 모순에 직
면한 밀은 벤담의 이론을 '최대다수의 최대행복'이라는 말로 정리
했습니다. 자기의 이익을 희생해서라도 사회 전체의 공리의 최대를
구하는 것이 밀이 생각하는 올바른 사회 형태였습니다. 그는 단순히
즐거움과 쾌락을 중시할 것이 아니라, 인류 전체의 행복을 위해 가
장 적절하다고 판단되는 행위를 행하는 '철학'을 중요하게 여겼습니
다. 벤담이 행복의 '양'을 중요하게 여겼다면 밀은 행복의 '질'을 중
요하게 본 것입니다.

직원 세 명을 둔 공장이 있고, 그 공장에서 한 달에 1,000만 원 어
치의 물건을 만들어 판다고 합시다. 공장의 주인, 즉 자본가는 1,000
만 원 중 700만 원을 이윤으로 계산하고 직원들에게는 각자 100만

원씩 월급을 줍니다. 이때 자본가의 행복지수는 7이고 직원들의 행복지수는 1이라고 칩시다. 행복지수는 합쳐서 8이 됩니다.

하지만 만일 자본가가 이윤을 400만 원만 남기고 임금으로 600만 원을 지출한다면, 공장 직원들은 각자 200만 원씩을 받게 됩니다. 이때 자본가의 행복지수가 4로 내려가고 직원들의 행복지수가 각자 1씩 오른다면 행복지수는 모두 합쳐 10이 됩니다. 자본가가 자신의 이윤을 일부 포기함에 따라 더 많은 사람이 행복해진 것입니다. '최대다수의 최대행복'을 추구하는 공리주의 사상에 부합하는 행위가 됩니다.

이러한 밀의 사상은 공리주의의 또 다른 중요한 축인 '자유주의'와 대립한다는 비판을 받기도 합니다. 그러나 밀은 '자유' 또한 개인이 마음대로 행동할 수 있는 권리보다는 '사회적 권력으로부터 압제받지 않을 권리'라는 의미에 더 무게를 두었습니다.

공리주의는 이후 '신고전학파'의 생성에 영향을 주었습니다.

공리주의와 자본주의

밀은 다음과 같은 말을 남겼습니다.

"현대 유럽의 사회적 틀은 공평한 분배나 근면의 결과가 아니라, 정복과 폭력의 결과에서 초래된 재산의 분배로부터 연유되었다."

공리주의는 개개인의 쾌락과 행복 추구를 가치 있는 일이라 봤기 때문에 자유롭게 경쟁하는 자본주의 시장경제를 지지했습니다. 하지만 밀의 공리주의에서 가장 중요하게 여기는 것은 '최대다수의 행복', 즉 사회적 공리였기 때문에, 필요할 때는 정부가 시장을 통제하고 각종 법규를 통해 분배에 개입할 수도 있다고 보았습니다.

밀은 자유경쟁을 통해 얻은 재산이 각자의 노력의 성과라는 데는 동의했습니다. 그러나 재산을 모으는 과정의 공정함 여부와 축적된 재산을 어떻게 사회적으로 분배하느냐에 대해서 깊이 파고들었습니다. 그는 현실적으로 정당한 노동이 아니라 약탈이나 착취에 의해 축적되는 부가 많으며, 그렇게 축적된 부가 아무런 분배 과정 없이 그대로 자식에게 상속되어 사회적 이익을 해친다고 생각했습니다.

노동자들을 위한 지원금 제도에도 밀은 비판적이었습니다. 밀은 노동자 1인당 임금은 총임금을 총 노동자의 수로 나눈 값이기 때문에 지원금이 증가하거나 노동자 수가 감소해야만 임금률을 증대 시킬 수 있다고 주장했습니다. 그래서 최저임금법, 노동자 지원금 등의 노동법은 그저 한시적인 효과를 볼 수밖에 없고, 장기적으로 노동자들의 생활환경을 개선하기 위해서는 한 지역에 집중되어 있는 노동자 인구를 다른 곳으로 분산시켜 지역당 노동 인구를 줄여야 하며, 임금 협상에서 불리한 위치에 있을 수밖에 없는 노동자들에게 합법적 단결권을 주고 노동조합을 만들어 고용주와 동등하게 이야기할 수 있도록 해야 한다고 했습니다. 나아가 사회적 분배를 가로 막는 개인의 자유로운 상속과 토지 소유 등에 대해서는 정부의 규제가 필요하다고 보았습니다. 부유층에 더 많은 세금을 거두는 부유세 제도 등을 주장하기도 했습니다. 밀의 이러한 분배 이론은 훗날 마르크스에게 영향을 미칩니다.

밀은 '노동자 협동조합 사회'를 이상적인 사회로 보았습니다. 노동자와 자본가의 계급적 차이가 없어지고, 자본가의 고용 없이도 노동자들이 공동으로 생산하며, 생산한 물건을 소비자들이 협동조합을 통해 구매하는 사회입니다. 자본가가 없을 뿐, 이 사회 역시 자본주의 시장과 같은 자유경쟁시장이며 노력과 성과에 따라 분배하고, 개인의 재산이 존재합니다.

이러한 특징 때문에 밀은 리카도가 말한 '정상 상태'를 비관적으로 보지 않고 오히려 바람직하게 보았습니다. 경제의 양적 성장이 멈추는 정상 상태가 올 때, 사람들은 경제의 질적 성장을 고민할 것이라 보았기 때문입니다. 그는 경제발전의 목표를 부의 증가가 아니라 가난의 추방이라 여겼으며, 정상 상태에서야말로 인간성과 자연이 보존될 수 있다고 믿었습니다. 밀의 이러한 사상은 경제적 정상 상태에 다다른 여러 경제 선진국들에게 아직까지도 영향을 미치고 있습니다.

02

신고전학파

한계효용의 법칙 - 신고전학파 경제학의 시작

1874년, 스탠리 제번스(William Stanley Jevons, 1835년~1882)라는 한 영국 경제학자는 『정치경제학 이론』이라는 책에서 처음으로 '한계효용'이라는 단어를 씁니다. '한계효용'은 제번스가 발견한 획기적인 개념으로서, 경제학이 고전학파 경제학에서 신고전학파 경제학으로 근본적으로 전환하는 계기가 되었습니다.

신고전학파 경제학은 한계효용학파, 한계주의라는 이름으로 불리는 시장주의 경제학입니다. 고전학파는 생산량과 생산에 드는 비용이 가격을 결정한다 생각했습니다. 하지만 신고전학파는 생산이 아니라 소비, 비용이 아니라 효용이 가격을 결정한다고 보았습니다.

우리는 배가 고프면 음식을 사 먹고, 심심하면 돈을 내고 게임을 하거나 영화를 볼 수 있습니다. 그렇게 결핍에 대한 만족감을 얻습니다. 이처럼 재화를 소비하면서 얻는 만족이나 즐거움을 경제학에서는 효용(utility)이라고 합니다.

리카도는 생산물의 가치가 노동시간에 의해 결정된다고 했습니다. 그러나 리카도의 이론으로는 제작 시간은 짧지만 재료가 희귀해 비싸게 팔리는 상품이나 유명한 화가가 그려 비싸게 팔리는 그림 등의 가격을 설명할 수 없습니다. 이는 '효용'의 측면을 생각지 않았기 때문입니다. 상품의 유용성이 가격과 아무런 관계가 없다고 생각했던 것입니다.

경제학의 토대를 생산에서 소비로 옮긴 신고전학파의 경제학은 혁명적이라는 의미에서 '한계효용 혁명', '한계주의 혁명'이라고도 부릅니다. 그렇다면 한계효용이란 무엇일까요?

한계효용 : 한 개인이 이미 소비하고 있는 상품을 한 단위 더 소비할 때 추가적으로 발생하는 유용성.

한계효용은 '마지막 한 단위의 효용'이라는 뜻이며, 이것이 선택과 결정의 기준이 될 때 한계효용이라 합니다. 한계효용의 법칙은 소비되는 재화의 양이 늘어날수록 소비자의 한계효용이 감소한다는 이론입니다.

배가 매우 고픈 사람이 1,000원을 내고 빵 한 개를 사 먹었습니다. 이때 처음 사 먹는 빵 한 개의 가치는 매우 높습니다. 하나로는 부족한 것 같아 하나를 더 사 먹었습니다. 두 번째 먹는 빵은 첫 번째 빵보다는 그 가치가 떨어집니다. 구매하는 빵이 늘어날수록 소비자에게 있어 빵의 가치는 떨어지게 되고, 배가 부른 어느 시점에서는 1,000원의 가치보다도 낮아져 더 이상 빵을 사지 않게 됩니다. 이때 '마지막으로 구매한 빵'은 소비자가 최소 1,000원의 가치가 있다고 판단한 것입니다.

신고전학파 경제학에서는 더 큰 효용을 얻기 위한 개인의 합리적 선택을 강조합니다. 최대효용을 추구한다는 점은 공리주의와 같지만, 최대다수의 행복과 효용을 추구한 공리주의와 달리 신고전학파는 개인의 효용을 극대화하는 데 목적을 둡니다.

제번스는 경제학을 가리켜 '즐거움과 괴로움의 변분학(變分學, 미적분학의 일종인 변분법에서 온 말. 어떤 값을 최대화·최소화하는 함수를 살펴보는 학문)'이라고 했습니다. 경제학은 즐거움을 얻고 괴로움을 피하려는 사람의 행동을 분석하는 과학이라는 겁니다. 고통을 피하고 쾌락을 추구한다는 점에서는 공리주의와 비슷한 면이 있습니다.

물과 다이아몬드의 역설

"물은 사람들이 살아가는 데 반드시 필요한 재화임에도 값이 싸고, 다이아몬드는 없어도 살아갈 수 있는 재화인데도 가격이 비싸다. 그 이유는 무엇인가?"

이 질문은 애덤 스미스가 제기한 것으로, '물과 다이아몬드의 역설'이라고 합니다. 물은 수요가 많고 유용성이 높은 상품인데도 가격이 낮고, 다이아몬드는 수요가 적고 유용성이 낮은 상품인데도 가격이 높으므로 상품의 가격과 유용성은 관계가 없다는 고전학파의 이론을 뒷받침하는 역설이 되었습니다.

그러나 신고전학파는 한계효용의 법칙을 이용해 이 역설을 명쾌하게 해설하는 데 성공합니다. 물은 모든 사람들이 일상생활에서 쓸 수 있을 정도로 풍부하기 때문에 소비할 때의 한계효용이 아주 낮습니다. 반면에 다이아몬드의 매립량은 적고, 그것을 가공한 제품은 더더욱 적기 때문에 다이아몬드를 소비할 때 한계효용은 아주 높습니다. 때문에 다이아몬드는 비싸고 물은 쌉니다. 같은 논리에서 물 역시 물의 양이 풍부하지 않은 사막 지대에서는 비싸질 수 있습니다.

한계효용 균등법칙

빵에 질린 사람에게도 더 희귀하고 맛있는 음식을 공급하면 새로운 효용이 발생할 수 있습니다. 질려서 빵을 더 이상 먹고 싶지 않은 사람도 치킨은 먹고 싶어 할 수 있듯 말입니다. 그렇다면 처음부터 사는 빵의 개수를 줄이고, 치킨을 함께 샀다면 더 만족스러운 식사를 했을 수도 있습니다. 한계효용 균등법칙이란 이처럼 정해진 돈으로 최대의 만족을 얻기 위해서는 한 가지에만 집중하지 말고 여러 개의 한계효용이 균등하도록 배분하는 것이 가장 효율적이라는 법칙입니다. 몇 종류의 재화를 같이 소비할 때 각각의 재화가 가진 한계효용이 같지 않다면 한계효용이 낮은 재화를 소비하기보다는 한계효용이 높은 재화를 소비해 전체의 효용을 크게 만드는 것입니다.

빌프레도 파레토 최적의 분배 상태란?

빌프레도 파레토(Vilfredo Pareto, 1848~1923)는 스위스의 경제학자입니다. 처음에는 철도국에서 일했고, 나중에는 광산의 관리직을 맡았는데 이때부터 경제학에도 관심을 가지게 되었습니다. 그는 쉽게 수치화·계량화 할 수 없는 '한계효용의 법칙' 대신 계측이 가능한 '무차별곡  선' 이론을 발견했고, 모든 것이 가장 적절하게 분배되어 있는 상태인 '파레토 최적'이라는 이론을 도입해 분배 문제에 대해서도 새로운 관점을 제시했습니다.

파레토 최적

파레토 최적은 자원 분배의 효율성이 이루어진 상태입니다.

아까 공리주의에 대해 이야기할 때, 우리는 행복지수를 예로 들어 '최대다수의 최대행복' 이론을 살펴보았습니다. 누군가의 행복지수를 낮추는 대신 다수의 행복지수를 높여 행복의 총합이 커지면 그것이 공리라는 이론이었습니다.

하지만 이 방식에는 한계가 있습니다. 행복한 다수를 위해 불행한 소수를 전제해야 한다는 점입니다. 뿐만 아니라 이미 행복지수가 높은 사람의 소득만 계속 높여주어도 행복의 총합은 높아집니다. '최대다수의 최대행복'만이 정의롭다는 이론은 이러한 모순을 가지고 있습니다.

파레토는 이 상황에서 벗어나기 위한 방법을 고안했습니다.

1	A - 시급 3,000원	B - 시급 5,000원
2	A - 시급 3,500원	B - 시급 5,000원

시급을 3,000원 받는 A와 5,000원 받는 B가 있다고 할 때, 고용주가 A의 시급만 500원을 올려준다면 A의 행복은 올라갈 것이고 B의 행복에는 변화가 없습니다. A의 시급이 올라갔어도 B는 여전히 A보다 많은 시급을 받고 있기 때문입니다. 따라서 누구도 불행해지지 않는 상황이 만들어집니다.

이처럼 1의 상황에서 2의 상황으로 변하는 것을 파레토 개선이라고 합니다. 이렇게 파레토 개선을 반복하다가 더 이상 타인의 불만을 사는 일 없이 누군가의 만족도를 높일 수 없는 상황이 오면 그 상태를 파레토 최적이라 불렀습니다.

A의 시급을 조금씩 올려주다가 마침내 A와 B가 똑같이 5,000원을 받게 된다면, 이제 어느 한쪽의 시급만을 올려줄 수 없습니다. 시급이 오르지 않은 다른 한쪽의 불만을 살 것이기 때문입니다. 따라서 둘 모두 5,000원의 시급을 받는 상태를 파레토 최적이라 할 수 있습니다.

이때 A의 시급을 4,000원으로 높이는 대신 B의 시급을 4,500원으로 내린다면, B는 A보다는 많은 시급을 받지만 자신이 원래 받던 시급이 낮아졌기 때문에 불만족을 느끼게 됩니다. 따라서 이런 상황으로의 이동은 파레토 개선이라 볼 수 없습니다.

그러나 '파레토 최적'이란 개념은 여러 한계점을 가지고 있으며, 현실적으로 '현상 유지'에 그칩니다. 기존의 상태를 바꾸면 누군가는 물리적으로, 혹은 정신적으로 손해를 보기 쉬운데, 그것을 방지하기 위해서는 현상유지가 최적일 수 있기 때문입니다. 위의 예에서도 B는 실질적인 손해를 입지는 않았지만, A의 시급만 올려준다는 사실에서 정신적인 괴로움을 느낄 수 있습니다.

파레토 최적이라는 관점에서만 본다면 한 명의 부자가 전체 부의 90%를 독차지하고 남은 사람들이 10%를 가지고 있는 상황도 서로의 만족도를 더 이상 해치지만 않는다면 파레토 최적이라 볼 수 있습니다. 또 그런 부자가 자신의 재산의 1%만을 빈민들에게 나누어 준다면 부의 분배율은 89:11로 실질적으로 상황은 크게 나아지지 않았음에도 불구하고 이를 '파레토 개선'이라고 보아야 하게 됩니다.

앨프리드 마셜 수요와 공급은 가위의 날과 같다

앨프리드 마셜(Alfred Marshall, 1842~1924)은 런던의 가난한 집에서 태어났으며, 학교를 다니는 중에 수학에 대한 소질을 나타냈습니다. 마셜은 성직자가 되기를 바라는 아버지의 바람을 뒤로 하고 케임브리지 대학에 들어가 수학과 물리학을 연구했습니다.

마셜은 경제학이 수학적인 치밀함에만 치중하는 분위기를 개선해 경제학을 보다 과학적인 학문으로 만들고자 했습니다. 경제학자들이 수학 이론을 남용하는 분위기를 타파하고자 했으며, 자신의 이론이나 주장을 설명할 때는 가급적 수학 이론을 이용하지 않았습니다.

마셜은 대학에서 최초로 경제학만을 위한 학과를 창설한 사람이기도 합니다. 그 전까지 경제학은 역사와 도덕과학의 영역에 속해 발전이 한계에 부딪히고 있었습니다. 이런 여러 활약들로 인해 마셜은 고전학파 경제학을 근대화한 학자로 평가받습니다.

한계비용과 한계효용

수요곡선과 공급곡선은 수요와 공급이 가격과 어떤 관계에 있는지 나타낸 그래프입니다. 가격이 올라가면 수요가 줄어들고, 가격이 내려가면 수요는 늘어납니다. 공급은 이와 반대로 가격이 올라가면 늘어나고, 가격이 내려가면 줄어듭니다. 수요와 가격은 서로 반비례 관계에, 공급과 가격은 서로 정비례 관계에 있는 것입니다. 수요곡선과 공급곡선을 만든 사람이 바로 마셜입니다.

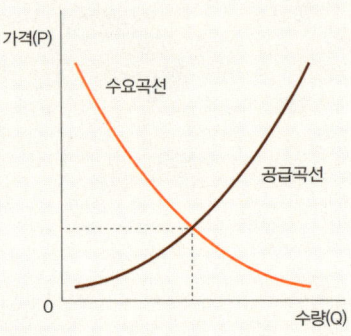

'상품의 가격은 어떻게 결정되는가?' 이것을 연구하는 것이 가치론입니다. 가치론은 소비자의 만족도를 중시하는 효용가치론과 인건비를 중시하는 노동가치론으로 나뉩니다. 효용가치론은 수요를 중시하지만 노동가치론은 생산비를 중시합니다. 소비자는 상품 가격에, 기업은 상품 판매량에 관심을 가집니다. 과연 가격을 결정하는 것은 수요일까요, 공급일까요?

수요와 공급을 '가위의 두 날'에 비유한 마셜은 가위의 두 날 중 어느 날이 종이를 자르는지 논쟁할 수 없듯이 효용과 생산비 중 어느 것이 가격을 결정하는지 논쟁할 수 없다고 말했습니다. 그리고 공급과 수요가 각각 어떻게 가격 결정에 영향을 끼치는지 설명합니다.

마셜은 먼저 수요의 측면에서, 소비자는 한정된 돈으로 가장 높은 효용을 줄 수 있는 물건을 구매하려 한다고 말했습니다. 그러기 위해서는 한계비용과 한계효용을 비교해야 합니다.

배가 고파 샌드위치를 사 먹는다고 가정합시다. 처음 사 먹는 샌드위치에서는 3,000원의 효용을 얻을 수 있습니다. 하지만 두 번째 사는 샌드위치에서는 1,000원의 효용을, 세 번째 사 먹는 샌드위치에서는 500원의 효용밖에 얻을 수 없습니다.

이때 샌드위치 가격이 2,000원이라면 소비자는 샌드위치를 하나만 사 먹을 것입니다. 두 번째 샌드위치부터는 가격인 2,000원에 비해 낮은 효용밖에 얻을 수 없기 때문입니다. 그러나 만일 샌드위치 가격이 1,000원이라면 두 개를 사 먹을 수도 있습니다.

재화 한 단위를 더 구매할 때 얻을 수 있는 추가적인 효용(한계효용)이 재화 한 단위를 더 구매할 때 드는 추가 비용(한계비용)보다 클 때만 구매가 이루어집니다. 따라서 가격이 하락하면 수요는 증가한다는 법칙이 나옵니다.

공급의 측면에서는 생산자가 노동력의 한계수확을 비교한 후 한계수확이 균형을 이루었을 때만 물건을 생산한다고 주장했습니다.

재화를 한 단위 더 소비할 때 발생하는 효용이 한계효용이라면, 비용을 한 단위 더 투자해 추가 생산을 해서 얻을 수 있는 단위량이 한계수확입니다. 생산자는 수요·공급 곡선에 따라 소비자가 요구하는 수준으로 상품을 계속 공급하면서 가능한 낮은 생산비로 상품을 생산하고자 합니다. 가장 돈을 덜 들이고 가장 큰 수익을 얻으려고 하는 것입니다.

수요 곡선의 이동

수요는 고정되어 있지 않습니다. 수요량이나 수요 품목은 계속 변하는데, 수요의 변화에 영향을 미치는 요인들로는 주로 소비자의 소득 증감, 관련 재화의 가격 변동, 개개인의 취향 변화 등이 있습니다.

재화는 수요 형태에 따라 아래 표와 같이 분류할 수 있습니다.

정상재	소득이 증가하면 수요도 증가하는 재화
열등재	소득이 증가하면 수요가 감소하는 재화
대체재	한 재화의 가격이 상승(하락)할 때 수요가 증가(감소)하는 재화
보완재	한 재화의 가격이 상승(하락)할 때 수요가 감소(증가)하는 재화
독립재	다른 재화와 관련을 가지지 않고 독자적인 목적으로 사용되는 재화

정상재와 열등재를 나누는 기준은 '소득'이기에 어떤 재화는 정상재이고 어떤 재화는 열등재라고 단정하기 힘듭니다. 같은 물건도 누

군가에게는 정상재가 되고, 누군가에게는 열등재가 되기 때문입니다. 휴대폰이나 자동차의 경우, 소득이 늘어나면 수요가 증가하는 정상재로 볼 수도 있지만, 최신 기종이 나올 때마다 기존에 사용하고 있던 상품은 구형이 되어 열등재로 뒤바뀌기도 합니다.

대체재는 이름 그대로 '대신할 수 있는 재화'입니다. 겨울이 되면 오리털 점퍼에 대한 수요가 늘어나고 따라서 점퍼의 가격이 올라갑니다. 그러면 사람들은 오리털 점퍼보다 저렴하면서도 비슷한 보온 효과를 주는 다른 옷을 찾게 되는데, 코트나 솜 점퍼 등이 오리털 점퍼의 대체재라 할 수 있습니다. 오리털 점퍼의 가격이 올라가면 코트나 솜 점퍼 등의 수요는 늘어나고, 오리털 점퍼의 가격이 내려가면 코트나 솜 점퍼 등의 수요는 줄어들 것입니다. 반대로 코트나 솜 점퍼의 가격이 올라가면 오리털 점퍼의 수요는 늘어나겠지요. 이처럼 서로를 대신하는 관계에 있는 재화를 '대체재'라고 합니다.

보완재는 서로 보완 관계에 있는 재화를 뜻합니다. 커피와 각설탕, 바늘과 실, 컴퓨터와 컴퓨터 소프트웨어 등이 보완재입니다. 커피 가격이 올라가면 커피 수요가 줄어 각설탕의 수요도 함께 줄어들 것입니다. 컴퓨터 가격이 올라가면 컴퓨터 수요가 줄고, 소프트웨어 수요도 마찬가지로 줍니다. 이러한 관계에 있는 재화를 '보완재'라고 합니다.

이러한 수요의 변화에 따라 수요곡선에도 변화가 생깁니다.

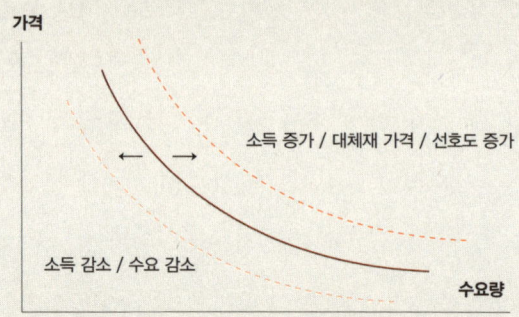

가격

소득 증가 / 대체재 가격 / 선호도 증가

소득 감소 / 수요 감소

수요량

소득이 증가하거나 대체재의 가격이 올랐을 때, 유행 등의 이유로 상품에 대한 사람들의 선호도가 높아졌을 때는 수요가 늘어 수요곡선은 오른쪽으로 이동합니다.

반대로 소득이 감소되거나 대체재의 가격이 내렸을 때, 상품에 대한 사람들의 선호도가 떨어졌을 경우 수요곡선은 왼쪽으로 이동합니다.

공급곡선에 변동이 없더라도 수요곡선의 이동에 따라 가격은 계속해서 변화합니다. 수요곡선의 이동은 수요가 가격에 끼치는 영향을 보여주는 그래프라 할 수 있습니다.

수요곡선의 예외

- **가수요 현상** : 앞으로 가격이 더 오를 거라고 예상되거나 같은 물건이 더 이상 생산되지 않는다는 정보 등이 제공되며 일어나는 '사재기' 현상을 설명하는 이론입니다. 이때는 가격이 오르더라도 수요가 오히려 증가하게 됩니다.
- **위풍재** : 가격이 오르면 오히려 수요가 늘어나는 재화입니다. 고가 상품, 고급 주거지 등이 이에 속합니다. 자기 과시를 위해 소비되는 재화인 경우가 많습니다.
- **기펜재**(Giffen good) : 가격이 하락함에도 불구하고 가치가 크게 하락해 수요가 줄어드는 재화입니다. 카세트 테이프나 삐삐 등이 기펜재에 속하며, 강한 열등재의 성격을 가지고 있는 재화이기도 합니다.

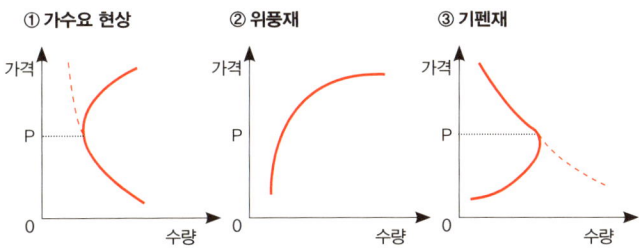

03

마르크스
경제학

칼 마르크스(Karl Heinrich Marx, 1818~1883)
는 현대 사회주의와 공산주의의 선구자로
널리 알려져 있습니다. 마르크스는 자본
주의 사회와 그 경제법칙을 분석해 자본
주의의 모순을 과학적으로 증명하기 위
해 경제학을 연구했습니다.

마르크스 경제학의 핵심은 사회주의
입니다. 그는 생산 수단을 공공화해 착취를 없애고, 자유경쟁이 아
니라 계획에 따라 필요한 양을 생산하고, 생산된 재화를 사유재산의
차등에 따라 구매하는 대신 노동에 따라 분배하자고 주장했습니다.

노동이 상품의 가치를 만든다

신고전학파 경제학이 효용에 따라 가치를 결정한다고 주장했다면, 마르크스는 상품에 투하된 노동이 가치를 결정한다고 주장한 경제학자입니다. 이는 고전학파 경제학자 리카도의 주장과도 같습니다. 리카도는 노동이 상품의 가치를 만들어내며, 노동자는 임금 형태로 그 가치의 일부분을 받는다고 생각했습니다. 마르크스는 노동이 상품이 가지는 교환가치의 원천이라고 했습니다. 노동이 교환가치를 생산한다는 것이 더 정확한 표현이 되겠습니다.

마르크스는 상품에 투입된 노동을 **'구체적 노동'**과 **'추상적 노동'**이라는 두 가지 측면에서 살펴볼 수 있다고 했습니다.

예를 들어 옷과 직물의 사용 가치는 서로 다릅니다. 이는 두 상품이 다른 종류의 노동으로 만들어진 상품이기 때문입니다. 종류가 다른 상품에는 각각 다른 종류의 노동이 투입되어 있습니다. 이처럼 개별 상품의 유용성을 만드는 노동을 마르크스는 구체적 노동이라 했습니다. 때문에 언제나 특정한 생산 업무(금속 가공, 컴퓨터 프로그래밍, 제봉, 직조, 방적 등)에 참여하고 있으며 정해진 유형이 있고, 특정한 사용 가치(강철, 컴퓨터 프로그램, 직물)를 생산합니다.

구체적 노동을 통해 만들어진 상품은 각기 다른 용도와 생산 과정을 가지고 있습니다. 그 상품들로부터 얼마나 어떻게 유용한지, 생산하는 데 들어간 노동력이 많은지 적은지, 생산 과정이 복잡한지 간단한지 등의 차이를 모두 제거하고 보면 한 가지 성질, 바로 '노동을 통해 생산되었다'는 사실 하나만이 남습니다. 옷을 만드는 일과 천을 만드는 일, 자동차를 만드는 일과 도자기를 만드는 일은 서로 다른 노동이지만 모두 인간의 노동력으로 만들어졌다는 점은 같습니다. 마르크스는 이처럼 모든 생산물에 투입된 공통된 '노동력'을 추상적 노동이라 불렀습니다.

마르크스에 따르면 상품에 투입된 구체적 노동은 상품의 사용 가치를 만들고, 추상적 노동은 교환가치를 만듭니다. 따라서 마르크스에게 상품의 가치를 결정하는 요인은 노동의 숙련도나 비숙련도, 노동 태도의 게으름과 부지런함 등이 아니라 노동에 들어간 '시간'이었습니다.

자본가의 목표, 잉여가치

노동 = 생산 과정에서 실제로 쓰이는 인간의 노력
노동력 = 유용한 노동을 할 수 있는 노동자의 역량 혹은 잠재력

고전학파 경제학은 자본가가 구입하는 투입물, 즉 생산에 들어가는 원료나 기계, 상품에 가치를 추가하는 활동(부가가치) 모두에 대해 '노동'이라는 용어를 사용했습니다.

그러나 마르크스에게는 '노동력'을 사용하는 것만이 노동이었습니다. 노동력이란 노동을 할 수 있는 힘이고, 노동은 그 힘을 실제로 외부로 발휘하는 것입니다. 가만히 서 있는 사람은 노동력을 가진 상태입니다. 그 사람이 몸을 움직여 자동차를 만든다면 노동을 한다고 볼 수 있습니다. 어떤 사람이 자신의 노동력을 이용해 '자동차'라는 새로운 가치를 만들어낸 것입니다.

마르크스에 따르면 자본가들은 노동을 구입하는 것이 아니라 노동력을 구입하는 것입니다. 이 점이 애덤 스미스·리카도와 마르크스의 근본적인 차이입니다.

만일 노동력의 가치가 노동이 생산한 가치보다 작다면 자본가는 생산으로부터 잉여가치를 얻을 수 있습니다. 이것이 곧 이윤이 됩니다. 노동력의 가치, 즉 노동자에게 주는 임금이 100만 원이고, 그 노동자가 만들어낸 물건의 가격이 150만 원이라고 합시다. 그러면 자본가는 50만 원 어치의 잉여가치를 얻을 수 있는 것입니다.

잉여가치 = 노동이 생산한 가치 − 노동력의 가치

그러나 노동자를 고용해 노동력을 확보했다고 해서 실제 생산활동이 보장되지는 않습니다. 노동자는 기계가 아닌 인간이기 때문입니다. 인간이기에 산업재해를 당해 다치거나 병에 걸릴 수도 있고,

열악한 노동환경을 개선해 달라고 요구할 수도 있습니다.

따라서 노동자가 공장에서 실제로 수행한 노동이 노동시간에 따른 임금과 정확히 비례한다고는 볼 수 없습니다. 시간당 생산량이 50만 원이고, 평균 임금이 25만 원이라면, 화폐로 표현했을 때 노동시간에 대한 노동력은 1/2입니다. 그렇다면 생산에서 임금을 뺀 나머지, 남은 25만 원이 잉여가치입니다. 자본가는 잉여가치를 이윤으로 가져갑니다.

노동자는 인간이기 때문에 자신의 노동 능력을 개선하고 재생산하려면 필요한 상품을 구입하고 의식주를 해결하며 여가생활도 즐겨야 합니다. 그러기 위해서는 자유롭게 쓸 수 있는 생활비가 확보되어야 합니다.

하루 여덟 시간을 노동하고, 주말에는 쉬는 노동자의 생활을 대표 예시로 살펴봅시다. 최저임금을 기준으로 했을 때, 한 달에 벌 수 있는 돈은 4,860 × 40시간 × 4주 = 777,600원입니다. 노동자가 생산한 가치 중 777,600원을 제외한 잉여가치를 모두 자본가가 가져가는 것입니다.

현재 우리나라에서 777,600원으로는 평범한 생활을 꾸려나가기 힘이 듭니다. 그러니 노동자들은 부족한 돈을 더 벌기 위해 잔업이나 특근을 하거나 두 가지 직업을 병행합니다. 토요일과 일요일에도 쉬지 못하고 일하는 사람들도 많습니다. 우리나라에 특히 많은 24

시간 운영 가게들은 노동자들이 얼마나 많은 시간을 일하는지 보여주는 사례입니다.

마르크스는 노동의 성질에 따라 노동시간을 필요노동시간과 잉여노동시간으로 구분했습니다. 필요노동시간은 노동자가 노동력을 재생산하고, 생계를 꾸려나가는 데 생필품 비용 등을 마련하기 위해 일하는 데 들어가는 시간입니다. 그리고 잉여노동시간은 필요노동시간을 넘어서서 추가적으로 이루어지는 노동시간입니다. 잉여노동시간이 잉여가치를 창출합니다.

한 노동자가 9시에 출근해 5시에 퇴근하기로 했다면, 본래 일하기로 정해진 여덟 시간의 노동시간이 필요노동시간, 잔업이나 야근 등에 드는 노동시간이 잉여노동시간이 됩니다.

노동시간이 길어지면 생산이 늘어나고, 따라서 잉여가치가 늘어납니다. 따라서 자본가들은 잉여노동시간을 늘려 잉여가치를 늘리려고 합니다. 노동시간을 늘려 얻는 잉여가치를 마르크스는 절대적 잉여가치라고 불렀습니다.

그러나 인간은 24시간 휴식 없이 일할 수 있는 기계가 아닙니다. 일이 끝나면 집에 돌아가 푹 쉬어 체력을 회복하고, 가족이나 친구들과 함께 일상을 즐길 시간도 필요합니다. 하지만 현실적으로 많은 노동자들은 과중한 업무에 시달리고 집에 돌아가면 지쳐 잠자기 바쁩니다.

체력을 회복할 시간 없이 노동하는 시간만 길어지면 일에 대한 집중력이나 사고력이 떨어지고, 따라서 실수나 사고가 일어나기 쉽습니다. 실수나 사고가 일어나면 생산량에 타격을 입게 되고, 잉여가치 또한 줄어듭니다. 때문에 자본가들은 노동시간을 늘리지 않고도 잉여가치를 늘릴 방법을 고민하게 됩니다.

노동시간을 늘리지 않고 잉여가치를 증대시킬 수 있는 유일한 방법은 노동력의 가치를 낮추는 것입니다. 즉 필요노동시간을 줄이는 것입니다. 필요노동시간을 줄이면 노동자가 받는 임금도 함께 줄어듭니다.

필요노동시간을 줄이기 위해서는 노동력을 재생산하고 생계를 꾸려나가는 데 필요한 생필품 비용 등이 낮아져야 합니다. 그러기 위해서는 노동자들에게 생필품을 싸게 공급해야 합니다. 싸게 공급하기 위해서는 노동생산성을 늘려야 합니다. 따라서 생필품 등 생활에 꼭 필요한 몇몇 산업 분야는 생산성을 올리기 위해 새로운 기계를 투입하거나 새로운 기술 등을 개발하고 새로운 사업지를 개척합니다. 그렇게 생산된 생필품은 다른 재화에 비해 싼 값으로 판매됩니다. 생활 수단의 가격이 하락하면 노동력을 재생산하는 데 필요한 노동시간이 단축되며, 그 결과 노동력의 가치도 낮아집니다.

결과적으로 노동생산성의 향상은 필요노동시간을 줄이고 잉여가치를 상대적으로 증가시킵니다. 필요노동시간을 줄여 얻는 잉여가치를 마르크스는 상대적 잉여가치라고 부릅니다. 노동생산성의 증가폭보다 노동자 생활수준의 증가폭이 더 작으면 잉여가치율은 상승합니다. 마르크스는 이것이 자본주의의 착취 법칙이라 여겼습니다.

 잉여가치를 더 많이 얻기 위해 자본가들은 늘 노동생산성을 향상시키고자 합니다. 남들보다 더 값싼 비용으로 물건을 생산해 그 상품을 시중 가격으로 팔 수 있다면 그 자본가는 다른 자본가보다 더 많은 이익을 얻을 수 있습니다. 이것을 특별잉여가치라고 합니다.

04

20세기
경제학자 3인방

존 케인스 '보이지 않는 손'을 부정하다

존 케인스(John Maynard Keynes, 1883~
1946)는 영국 케임브리지의 성공한 학자
집안에서 태어났습니다. 그는 공무원, 회
계사, 잡지 기자 등 여러 가지 일을 거치
며 경제학을 꾸준히 공부했는데, 처음에
는 화폐와 외환 문제에 관심을 가졌습니
다. 그러나 제1차 세계대전을 거친 이후,
영국 경제가 실업과 경제 침체를 겪는 것을 본 케인스는 고용 문제
로 관심을 돌립니다.

케인스는 소비 중심의 경제학을 강조했으며 자유방임적인 정책

대신에 국가의 개입 필요성을 주장했습니다. 이것을 수정자본주의라고 합니다.

그의 이런 생각은 경제학에 일대 혁명을 불러옵니다. 당시에는 모든 것을 시장에게 맡기라는 자유방임주의를 주장하는 학자들이 많았기 때문입니다. 1970년대까지 케인스는 경제학 분야에서 가장 영향력 있는 학자였습니다.

1929년, 유럽에 대공황이 닥쳤습니다. 대공황으로 인해 공장의 생산량은 엄청나게 떨어졌으며, 불황과 실업이 극심해졌습니다. 무역 역시 침체되었습니다.

케인스가 보기에 대공황은 소비에 비해 지나치게 많은 생산에 따른 결과였습니다. 수요가 없는데도 계속 이루어진 공급을 공황의 원인으로 본 것입니다. 케인스는 이 위기에 대한 대안으로 유효수요 이론을 내세웠는데, 유효수요를 진작시켜 소비를 늘리자는 주장입니다. 유효수요는 구매력의 뒷받침이 되는 수요, 즉 물품을 살 수 있는 돈이 충분한 수요입니다. 아무리 구매를 하고 싶어도 돈이 없으면 물건을 살 수 없고, 그런 구매 욕구는 유효수요로 이어지지 않습니다. 유효수요 이론은 내수를 키워 경기를 활성화시키려는 정책 등과 일맥상통합니다.

케인스는 고용을 늘리고 위기를 극복하는 데 정부의 역할이 중요하다고 생각했습니다. 전쟁과 공황으로 빚어진 미래는 불안으로 가

득했습니다. 이 불안을 해소하기 위해 케인스는 정부에 총수요를 안정화시키는 재정정책과 화폐정책을 요구했고, 은행에는 일반인과 기업에게 돈을 대출해줌으로써 시중에 돈을 풀라고 요구했습니다.

미래에 대한 불안을 느끼면 사람들은 돈을 쓰거나 투자하는 대신 저장만 하게 됩니다. 이러한 개인의 행위를 비난할 수는 없습니다. 개인은 미래에 대비해 최선의 선택을 할 수밖에 없기 때문입니다.

러시아의 소설가 도스토예프스키의 소설 『죄와 벌』에는 고리대금업자 노파가 운영하는 전당포가 나옵니다. 불황에는 전당포가 활성화되는데, 사람들이 은행이나 신용카드 등을 이용해 새롭게 이자를 물며 돈을 빌리기보다는 가지고 있던 비싼 물건이나 귀금속을 전당포에 맡기고 돈을 빌리려 하기 때문입니다. 전당포가 늘어난다는 것은 지금 사회가 그만큼 불황에 빠져 있다는 뜻입니다.

그러나 케인스의 말에 따르면 아무도 소비를 하지 않기 때문에 유효수요가 부족해지고, 수요가 부족해지므로 공급 또한 줄어들고, 공급이 줄어들면 생산을 위해 필요한 노동력 역시 줄어들게 됩니다. 필요 노동력이 줄기 때문에 고용이 줄어들고, 따라서 실업이 발생합니다.

케인스는 세의 법칙과 리카도의 경제학을 비판했습니다. 리카도는 "수요가 공급에 맞추어 자연스럽게 만들어지며, 따라서 과잉 공급이란 있을 수 없다"고 했습니다. 그러나 경제가 어려워지면 공급이 무작정 수요를 창출할 수는 없습니다. 가진 돈이 없으면 아무리 많은 물건이 생산되어도 그것을 살 수가 없습니다. 케인스는 "공급은 수요에 의해서 한정된다"는 이론을 주장했습니다.

고전경제학은 고용 역시 생산과 소비의 순환에 따라 자동적으로 이루어진다고 믿었습니다. 그러나 케인스는 유효수요가 부족하면 그 사회의 산출량이 떨어지기 때문에 취업 기회를 얻지 못하는 사람들이 생긴다는 것, 즉 비자발적 실업이 발생한다는 것을 지적했습니다. 때문에 공공투자나 기타 정책을 통해 유효수요를 높여 실업을 해소해야 한다고 주장했습니다. 또 완전 고용은 정책이 뒷받침되어야 가능하다는 이론을 펼쳤습니다. 케인스의 주장은 그때까지의 경제학의 흐름에 있어 혁명과도 같았습니다. 이러한 이론을 '케인스주의'라고 부릅니다.

슘페터 기업가의 혁신을 주장하다

20세기 경제학의 3인방이라 불리는 유명한 경제학자들이 있습니다. 바로 케인스, 하이에크, 그리고 이 슘페터 (Joseph Schumpeter, 1883~1951)입니다. 슘페터는 기업가의 혁신을 가리키는

'창조적 파괴'라는 말로 유명해졌습니다. 창조적 파괴란 더 큰 가치를 위해 낡고 오래된 것을 버리고 경쟁력 있는 새것으로 바꾸는 과정을 의미합니다. 생산성을 향상시켜서 생산비를 낮추고 새로운 수요를 만들면 기업가의 판매 수입은 올라갑니다. 이에 따라 기업가는 많은 이윤을 얻을 수 있습니다. 그리고 이런 이윤은 기업가의 모험에 대한 정당한 대가입니다.

슘페터는 한 기업이 계속 활약하기 위해서는 기업가가 경제활동을 하는 데 있어 새로운 재화를 도입하고, 새로운 생산 방법을 도입하고, 새로운 시장을 개척하고, 새로운 원자재 공급원을 개발하고, 새로운 산업구조를 만들어야 한다고 했습니다.

슘페터는 기업가를 혁신을 추진하는 개인이라고 명명합니다. 그리고 기업가의 기능은 혁신 수행을 통해 생산 방식을 발전시키는 데 있다고 했습니다. 또 자본주의 체제에서 발전이란 자본가들의 열정적인 노력에서 비롯되며, 용감한 사람들, 새로운 아이디어를 실천에 옮기기 위해서 전 재산을 걸 수 있는 사람들, 창의와 시험과 확장을 감행하는 기업가들로부터 발전이 시작된다고 했습니다. 이른바 **기업가 정신**입니다.

그는 성공적인 혁신을 이끄는 아이디어가 끊임없이 공급될 것이라 믿었습니다. 그리고 자본주의로 말미암아 발생하는 대량 실업, 부의 불평등, 경제적 불안정성 등을 사회가 견뎌내기 힘들어지는 시점에 자본주의는 사회주의를 지향하게 될 것이라고 보았습니다. 『자본주의 사회주의 민주주의』라는 책에서 슘페터는 사회주의는 자본주의의 실패의 결과가 아니라 자본주의의 승리의 결과라고 말하고, 민주주의란 수단일 뿐 목적이 아니라고 말하면서 사회주의는 민주주의 없이도 이루어질 수 있다고 말합니다. 슘페터의 이론에 따르면 자본주의의 반대말은 사회주의·공산주의가 아닙니다.

기존에 있는 물건을 기계적으로 대량 생산하는 데 그치지 않고 늘 새로운 아이디어, 새로운 시장을 추구하는 현대 기업들에게 슘페터의 '창조적 파괴'는 어느 때보다 중요한 이론입니다. 혁신이 없었다면 전화기에서 휴대폰으로, 휴대폰에서 스마트폰으로 이어지는 일련의 발전 또한 이루어지지 않았을 것입니다.

하지만 슘페터의 말대로 '혁신'만을 중심에 둔다고 해서 기업이 영원히 번영할 수 있는 것은 아닙니다. 21세기가 시작되면서 미국 기업들 중에서 가장 혁신적이라고 칭송받았던 엔론 사는 부채가 없다고 회계 장부를 조작(분식회계)해 파산을 맞이했습니다. 엔론 사는 남미 대륙에 걸쳐 어마어마한 송유관을 건설한 회사인데, 혁신을 이윤 창출에만 맞추려던 탐욕 탓에 끝을 맞이했습니다.

하이에크 신자유주의의 아버지

불황이나 그 극복 방법에 대해 케인 스와는 정반대의 입장을 주장하는 학자 가 있었습니다. 하이에크(Friedrich August von Hayek, 1899~1992)라는 오스트리아 출신의 영국 경제학자가 그 주인공인데, 그는 케인스와 달리 시종일관 자유주의 경제학을 주창하며 케인스주의 학자들과  대립했습니다. 그를 비롯한 당대 오스트리아 경제학자들은 마르크스 의 경제학과 사회적 이념을 반박하는 입장에 있었습니다.

하이에크는 시장경제에 국가나 정부가 개입하는 것을 허용하지 않았습니다. 모든 것을 시장경제에 맡기라는, 애덤 스미스 이래로 주장되어 온 자유방임주의를 고수했습니다. 하이에크는 평생 사회 주의적인 중앙계획경제를 반대했습니다. 하이에크에게서 시작된 이 러한 이론을 '신자유주의'라고 부릅니다. 케인스와 하이에크는 '세기 의 라이벌'이라 불릴 정도로 첨예하게 대립했습니다.

그러나 1930년대 대공황으로 케인스의 주장이 크게 설득력을 얻 고, 1960년대에 이르기까지 사회주의 국가였던 구소련이 중앙정부 의 계획경제를 통해 인상적인 경제 발전을 이루면서 하이에크의 영향력은 약해졌습니다. 미국과 유럽 등 선진국 경제가 케인스를 지지하면서 하이에크의 주장은 그대로 묻히는 듯했습니다. 경제학자로서 입지를 잃은 하이에크는 낙심해 오스트리아로 돌아가 은둔하기에 이르렀습니다.

그러나 1970년대, 세계는 새로운 형태의 불황을 맞이했습니다. 바로 스태그플레이션입니다. 물가 상승과 경기불황이 동시에 오는 스태그플레이션은 유효수요를 창출하면 불황을 해결할 수 있다는 케인스주의로는 설명할 수 없었습니다. 전 세계가 경제 침체에 빠지면서 하이에크는 다시금 주목받았습니다.

1974년, 영국의 총리인 마거릿 대처(Margaret Hilda Thatcher, 1925~2013)는 불황을 어떻게 해결해야 할지를 고민하다가 하이에크의 이론을 만납니다. 대처는 하이에크의 이론이야말로 어려운 시기를 돌파할 수 있는 방법이라 생각했고, 하이에크의 '신자유주의' 이론을 전면에 도입해 정부의 지출을 최대한 줄이고 시장의 자유경쟁을 촉진했습니다. 이러한 영국의 정책을 '대처리즘'이라고도 합니다. 영국을 본 미국 역시 레이건 대통령을 중심으로 신자유주의 노선을 탔습니다. '레이거노믹스'의 시작이었습니다.

하지만 그 뒤로도 경제 침체가 당장 나아지지는 않았습니다. 오히려 일반 국민들의 고통은 더 커졌고, 그에 대한 반발도 일어났습니다. 그러나 1980년대를 기점으로 사회주의 국가들이 몰락하기 시작하자 사람들은 마르크스 경제학에 의문을 품게 되었고, 경제 침체 기를 해결할 방법이 정책의 개입이나 계획경제가 아니라 시장에 있을지도 모른다고 생각하게 되었습니다. 게다가 1991년, 구소련이 완전히 붕괴하면서 한때 세계 경제의 한쪽 축을 담당했던 사회주의 경제는 구시대의 유물로 사라집니다. 그 뒤 하이에크의 신자유주의는 전 세계를 휩쓸게 되었습니다.

05

신자유주의

신자유주의는 하이에크와 하이에크의 제자인 밀턴 프리드먼(Milton Friedman, 1912~2006) 등에 의해 발전한 이론입니다. 시장에 적극적인 국가의 개입을 요구하는 케인스에 대립하는, 모든 것을 시장에 맡기라는 시장 중심 경제학입니다.

우리나라는 김영삼 전 대통령을 주축으로 한 '문민정부' 때부터 본격적인 신자유주의 경제를 펼쳤습니다. 이때 처음으로 '세계화'라는 말이 사용되었으며, 이때부터 해외여행이 자유화되었습니다.

신자유주의는 국가의 보호를 완전히 거부하지는 않지만, 정부의 개입은 시장이 제대로 작동하지 않을 때 꼭 필요한 경우에 한해서만 이루어져야 한다고 주장합니다. 무조건적인 자유방임을 강조했던 고전학파 자유주의 학자들과 달리 정부의 개입을 제한적으로 허용하기 때문에 '신'자유주의라고 구분해 부릅니다.

일반적으로 우리나라 기업이 물품을 수출할 때면 정부는 관세와 환율 조정, 수출보조금 등으로 기업을 보호해줍니다. 환율이 내려 원화의 가치가 떨어진다면 수출해봐야 큰돈을 벌어들일 수 없습니다. 외국에서 이미 대량 생산 체제가 갖추어진 물품은 국내에서 생산하는 것보다 수입을 하는 것이 더 저렴할 수 있습니다. 그런 물품들이 제한 없이 수입되면 자국 생산품들은 가격 경쟁력을 잃고 시장에는 수입품만 즐비해질 수 있습니다. 그런데 신자유주의에 따르면 국민들이나 기업들은 국가의 지원이나 보호 없이 세계 자본과 직접 마주해야 합니다.

신자유주의는 지난 20~30년 동안 세계의 파이(Pie, 분배의 원천을 의미하며 파이를 키워야 그만큼 더 많은 분배를 할 수 있다는 '파이의 논리'로 쓰임)를 빠른 속도로 키웠습니다. 신자유주의의 가장 큰 업적은 '세계화'입니다. 신자유주의가 세계 곳곳에 퍼져나가면서 세계는 더 가까워지고, 더 일체화되고, 무엇보다 더 자유로워졌습니다.

자유도가 높아지면 파이는 커질 수밖에 없습니다. 경쟁이 격렬해지기 때문입니다. 신자유주의 이전까지 각국 기업들은 대부분 자국 내 몇몇 기업들과 경쟁하면서 생존할 수 있었습니다.

하지만 신자유주의 이후 기업들은 해외에서, 그리고 국내에서 세계적 기업들과 경쟁해야 하는 상황을 맞이했습니다. 지역 운동회에서만 활동하던 운동선수가 느닷없이 올림픽에 출전하는 선수들과 똑같은 출발선에서 경쟁해야 하는 상황이 된 것입니다. 자전거를 탄 사람과 자동차를 탄 사람이 동등하게 경쟁해야 하는 상황에 비교할 수도 있겠습니다.

그럼에도 신자유주의가 세계적으로 지지받는 이유는 격심한 경쟁으로 인해 가격이 낮아지며 물가 상승을 통제할 수 있게 되었기 때문입니다. 물가가 하락하니 금리가 내렸습니다. 금리가 내리자 기업들이 투자하기가 쉬워졌고, 또 잘 사는 나라의 소비자들은 더 많은 물건을 살 수 있게 되었습니다. 투자와 소비가 같이 늘어나는 선순환이 전 세계의 파이를 키운 것입니다. 이처럼 신자유주의와 세계화가 파이를 키우는 것을 본 많은 나라의 지도자들은 신자유주의를 신봉하고 있습니다.

그러나 그 이면에는 키운 파이가 제대로 분배되지 않고 있다는 논란이 끊이지 않습니다. 낙수효과가 일어나지 않는다는 것입니다. 전체적인 파이는 커지고 있지만 경제적 부국은 점점 더 부국이 되고, 경제적 빈국은 부국에게 노동력과 자원을 착취당하며 점점 더 가난해지는 양상이 나타납니다. 국가 안에서도 대기업들만이 점점 부를 축적하고 소상공인이나 임금노동자들은 갈수록 더 큰 경제적 압박을 받습니다. 빈부격차는 벌어집니다.

이러한 현상은 분배가 제대로 이루어지지 않기 때문에 일어나며,

따라서 이런 신자유주의에 대항하기 위해 사회적 경제, 공유경제 등 다양한 경제 형태가 나타나고 있음을 우리는 이미 앞에서 보았습니다.

신자유주의는 시장 원리에 따른 이윤 추구를 촉진해 부를 창출하고, 경쟁을 통해 각 경제주체가 최선을 다하게 만듦으로써 '효율성'을 높이며, 인간의 성취욕을 자극해 일의 성과를 높인다는 장점이 있습니다.

그러나 처음부터 출발선이 다른 경쟁을 '자유'라는 명목으로 부추긴다는 점, 지나친 경쟁주의로 인해 약자들을 핍박하고 소외시키는 행위를 정당화하는 점, 이윤을 추구하려는 욕망을 통제하지 않아 문화·예술·교육 등의 영역까지 시장에 진입시키고, 자원 낭비와 환경 파괴를 앞당겨 인류 문화를 황폐하게 만든다는 단점이 있습니다.

06

경제학, 세상의 움직임을
파악하기 위한 학문

애덤 스미스에서 시작해 케인스와 하이에크에 이르는 경제학의 역사 중 가장 중요한 요점이라면, '시장의 자기조정 기능을 우선하느냐, 국가의 개입을 우선하느냐'라는 쟁점, 공급 중심 경제학에서 소비 중심의 경제학으로의 전환, 그리고 1930년대 대공황 이후 실업 문제에 직면한 케인스의 유효수요 이론으로 요약할 수 있습니다.

다시 애덤 스미스로 돌아가면 시장이란 '이기적인 개인들이 경제적 이득을 위해 활동하는 공간'이며, 경제란 '효율성에 따라 가장 합리적으로 소비하고 생산하는 활동'입니다.

그러나 합리적인 소비가 가능하려면 소비자의 욕구에 따른 완전한 선택의 자유가 있어야 하고, 합리적인 생산이 가능하려면 완전한 자유경쟁이 전제되어야 합니다. 그러나 완전한 선택의 자유, 완전한 자유경쟁이란 책 속의 가정일 뿐이고 현실은 다르게 흘러갑니다.

우리가 지금까지 살펴본 경제학의 역사는 '주류 경제학'에 속하는 것으로서, 비주류 경제학은 노동자의 권리와 자본 권리의 관계를 주된 쟁점으로 삼고 있습니다. 새로운 경제 형태도 계속 나타나고 있습니다.

경제 규모가 커지고 경제 양상이 다양해짐에 따라 경제학 또한 앞으로도 계속 보완되고 개선되며 새로운 이론이 나타날 것입니다. 경제학은 우리의 현실과 함께 숨 쉬는 학문이며, 우리의 생활에 가장 밀접하게 맞닿아 있는 학문이기도 합니다. 경제학을 '복잡하고 어려운 것', '돈에 직접적으로 관련된 일을 하는 사람들만 공부하는 것', 혹은 '부자가 되려면 알아야 하는 것'이라고만 생각하며 멀리 하기 쉽지만, 경제학은 세상의 움직임을 파악하기 위해 누구나 공부해야 하는 학문입니다.

우리는 방대한 경제학의 우주에서 크고 중요한 행성들을 살펴보았습니다. 어떠셨나요? 경제학 공부를 통해 여러분이 우리가 살고 있는 세상, 우리를 둘러싼 여러 힘과 움직임들이 어떻게 돌아가고 있는지 파악했기를 바랍니다. 나아가 '어떻게 살아야 할까?'까지 고민한다면 더 바랄 나위가 없겠습니다.

더 읽어보기

1) 『왜 음식물의 절반이 버려지는데 누군가는 굶어죽는가』, 슈테판 크로이츠베르거 · 발레틴 투른, 에코리브로, 2012
   『굶주리는 세계, 어떻게 구할 것인가』, 장 지글러, 갈라파고스, 2012

2) 『성장의 한계』, 도넬라 H 메도즈 · 데니스 L 메도즈, 요르겐 랜더스, 갈라파고스, 2012

3) 『인간의 조건』, 한나 아렌트, 한길사, 2002

4) 『토지』, 박경리, 마로니에북스, 2012

5) 『프랑수와 라블레의 작품과 중세 및 르네상스의 민중문화』, 미하일 바흐친, 아카넷, 2001

6) 『증여론』, 마르셀 모스, 한길사, 2011

7) 『레츠 : 인간의 얼굴을 한 돈의 세계』, 조너선 크롤, 이후, 2003

8) 『자본주의 이후의 사회』, 피터 드러커, 한국경제신문, 1993